Ulmer Taschenbuch 29

Jolanda Englbrecht

Pilzanbau in Haus und Garten

56 Farbfotos
30 Zeichnungen

E.U.
VERLAG
EUGEN
ULMER

Zeichnungen von Helmut Flubacher, Fellbach

Umschlagfoto: Shii-take (*Lentinus edodes*, s. Seite 80)
Foto auf Seite 2: Samtfußrübling (*Flammulina velutipes*, s. Seite 93)

CIP-Kurztitelaufnahme der Deutschen Bibliothek

Englbrecht, Jolanda:
Pilzanbau in Haus und Garten / Jolanda
Englbrecht. – Stuttgart : Ulmer, 1987.
(Ulmer-Taschenbuch ; 29)
ISBN 3-8001-6284-9

NE: GT

Printed in Germany
Satz: Typobauer Filmsatz GmbH, Ostfildern-Scharnhausen
Druck und Bindung: Georg Appl, Wemding

Vorwort

Lange Zeit wußte man nichts Sicheres über die Pilze, geschweige denn über die Möglichkeiten ihres Anbaues. So kann man im »Kreuterbuch des hochgeerten und weitberümbten Herrn Dr. Petrus Andreas Matthiolus« von 1626 folgendes nachlesen:

»Im Königreich Napolis hat man etliche Stein, die der hochgelehrte Medicus und Chirurgus Gabriel Fallopius zu den Lyncurio wolt referiren, die das ganze Jahr vorüber Schwämm geben, die gut zu essen seyn, und den Harn treiben sollen, wie denn auch der Stein an ihm selber, darauff sie wachsen. Man leget dieselbigen in Keller, bedeckt sie ein wenig mit guter Erden, und befeuchtiget sie mit einem leblichten Wasser, so bringen sie in vier oder fünff Tagen Schwämm.«

Moderne Pilzforscher machten inzwischen dem Aberglauben der vergangenen Jahrhunderte ein Ende. Sie entwickelten Methoden, nach denen auch Hobbyanbauer delikate Pilze einfach und mit sicherem Erfolg ziehen können. Dieses Taschenbuch soll Anfängern Mut machen und auch Fortgeschrittenen noch interessante Hinweise liefern.

Westerham, Winter 1987
Jolanda Englbrecht

Inhalt

Von links nach rechts: Judasohr (Auricularia auricula-judae), Samtfußrübling (Flammulina velutipes), Taubenblauer Seitling (Pleurotus columbinus), Shii-take (Lentinus edodes).

Einleitung

Der Name »Hexenringe« für kreisförmig auf der Wiese wachsende Pilze rührt von dem Aberglauben, daß Hexen und Teufel die Pilze wachsen ließen.

Seit Urzeiten verzehrt der Mensch Pilze: Archäologen fanden Spuren, die beweisen, daß schon vor etwa 30 000 Jahren Schwämme als Nahrungsmittel bekannt waren. Sicher hatten unsere Vorfahren einen mühsamen und opferreichen Weg zurückzulegen, bis sie giftige und eßbare Pilze unterscheiden konnten. So ist es nicht verwunderlich, daß Pilze in den ältesten schriftlichen Quellen keine besonders gute Rolle spielen: Der griechische Tragiker Euripides (480–406 v.Chr.) schildert das Schicksal einer Familie, die durch eine Pilzvergiftung fast gänzlich ausgelöscht wird.

Dennoch verzichtete man im Altertum nicht auf den Verzehr der delikaten Pilze. Der römische Schriftsteller Plinius d. Ä. (23–79 n.Chr.) erzählt von seinen Landsleuten, daß sie besonders Trüffel, Steinpilz und Kaiserling schätzten. Reiche Römer überließen sogar die Zubereitung der Pilzmahlzeit nicht ihren Sklaven, sondern nahmen sie selbst vor, mit teurem Bernsteinbesteck und auf wertvollem Silbergeschirr. Dies geschah aber nicht allein aus Wertschätzung, sondern auch aus Mißtrauen: Wußte doch der schon genannte Plinius noch zu berichten, daß im Jahre 54 n. Chr. Agrippina ihren Gatten Kaiser Claudius mit einem Pilzgericht beseitigte, um die Nachfolge ihres Sohnes Nero zu sichern.

Um diese Zeit begannen schon die ersten Anbauversuche: Man vergrub an geeigneten Plätzen Reste von Steinpilzen oder begoß sie mit Sporenwasser. Auch die Kultur von Champignons und Trüffeln wurde in Angriff genommen. Im Mittelalter gerieten alle diese Kenntnisse wieder in Vergessenheit. Nun herrschte der Aberglaube, daß Hexen und Teufel die Pilze wachsen ließen. Die Hexenringe galten als nächtlicher Versammlungsplatz der Zauberinnen, Elfen und »Schwammgeister«. Erst im Jahre 1630 gelang es aufmerksamen Pariser Gärtnern, wieder einen Weg zum Champignon-Anbau zu finden. Ludwig XIV. (1638–1715) schätzte diese Pilze sehr. Von der Tafel des Sonnenkönigs gelangte die Delikatesse dann in die europäische Küche.

Nachdem nun auch das Wissen über die Pilze rasch zunahm, entstanden Anfang des 20. Jahrhunderts zahlreiche große Champignon-Anbaubetriebe. Seit rund 10 Jahren gibt es selbst für Hobbygärtner viele Möglichkeiten, Pilze zu kultivieren. Die Pilzbrut-Hersteller rechneten im Jahre 1985 sogar schon mit 400 000 Hobby- und Nebenerwerbs-Pilzanbauern.

Warum Pilzanbau?

Eigentlich kann man heutzutage das ganze Jahr über frische Pilze kaufen, zumindest Champignons. Gelegentlich werden noch Austernpilze angeboten und im Spätsommer – meist sündhaft teuer – Steinpilze und Pfifferlinge. Nun haben diese Pilze oft einen langen Weg bis zum Markt hinter sich und die geforderten Preise sind auch nicht nach jedermanns Geschmack.

Frischer und billiger wären gewiß die selbstgesuchten Waldpilze. Dazu muß man aber die eßbaren Arten erst einmal sicher von den ungiftigen unterscheiden können – und selbst Sammler mit jahrzehntelanger Erfahrung irrten sich schon gelegentlich. Auch Meldungen über einen hohen Schwermetallgehalt in Wildpilzen sind geeignet, die Sammelleidenschaft zu bremsen. Unter Umständen kann man in seinem Waldpilzgericht dazu noch Reste von Spritzmitteln finden, denn die heute im Forst üblichen Pflanzenschutzmaßnahmen gehen auch an den »Männlein im Walde« nicht spurlos vorüber.

Schlechtere Umweltbedingungen sind ganz allgemein die Ursache dafür, daß immer weniger Pilze wachsen. Auch die Unvernunft mancher Sammler trug dazu bei. So wird das »In-die-Pilze-Gehen« heute oft ein mühsames und langwieriges Unterfangen.

Wenn man nun selbst Pilze anbaut, löst man fast alle Probleme auf einen Schlag: Die natürlichen Bestände werden geschont, die kultivierten Pilze sind billiger, garantiert ungiftig und wohlschmeckend, können bequem geerntet und so frisch wie möglich auf den Tisch gebracht werden. Inzwischen ist es möglich, zu Hause fast das ganze Jahr über viel mehr Arten anzubauen, als auf den Märkten angeboten werden. Der Schwermetallgehalt von Zuchtpilzen ist dazu nachweislich sehr gering.

Heute ist es auch nicht mehr schwer, Pilze zu züchten. Selbst ein kleines Gärtchen, ein Balkon oder ein Raum im Haus genügen, um diese kalorienarmen Delikatessen heranzuziehen. Mancher Hobbygärtner behauptet inzwischen sogar, daß ihm der Anbau von Braunkappen leichter gelinge, als die Kultur so »exotischer« Gemüsearten wie Paprika, Auberginen oder Artischokken!

Die Folgen von Tschernobyl

Nach dem Reaktorunglück vom 26. April 1986 im ukrainischen Tschernobyl schwebte tagelang über großen Teilen der Bundesrepublik eine radioaktiv strahlende Wolke. Viele Verbraucher fragen sich nun, wie hoch die radioaktive Belastung der Pilze nach der Katastrophe sein wird.

Da das kurzlebige radioaktive Isotop Jod 131 inzwischen fast völlig zerfallen ist und kaum Strontium 90 freigesetzt wurde, bringt vor allem die Verseuchung unserer Böden mit dem langlebigen Cäsium 137 Probleme. Cäsium und seine radioaktiven Isotope waren aber bereits vor Tschernobyl Bestandteile unserer Böden. Schon seit über 10 Jahren werden Untersuchungen über die Cäsium-Aufnahme (inklusive Cäsium 137) von Speisepilzen vorgenommen.

Man stellte fest, daß der Cäsium-Gehalt von Pilzen einmal abhängig ist vom Cäsium-Gehalt des Bodens. Dieser war schon vor Tschernobyl sehr unterschiedlich und auch nach der Katastrophe verteilte sich der radioaktive Fallout äußerst ungleichmäßig. Der Cäsium-Gehalt in Pilzen ist aber gleichzeitig stark abhängig von der jeweiligen Artzugehörigkeit.

So gibt es Arten, die sogar durchschnittlich weniger Cäsium enthalten als der Boden, aus dem sie wuchsen. Zu ihnen zählen der Schopftintling, der Violette Ritterling und einige wildwachsende Champignon-Arten. Andere Pilze enthalten im Durchschnitt ebensoviel Cäsium wie der Boden, zu ihnen gehört der Parasolpilz. Es gibt aber noch eine dritte Pilzgruppe, deren Vertreter Cäsium geradezu anreichern. Dazu zählen der Graublättrige Schwefelkopf und das Stockschwämmchen, das durchschnittlich zweimal so viel Cäsium enthält als der Boden.

Bevor nicht neuere Untersuchungsergebnisse vorliegen, sollte man also mit dem Verzehr von Waldpilzen vorsichtig sein. Eventuell ist auf Jahre hinaus das Sammeln gewisser cäsiumreicher Arten, wie z. B. der Täublinge, nicht ratsam. Auch Pfifferling-Importe aus dem Ostblock könnten belastet sein. An in Kulturräumen angebauten Pilzen (Kulturchampignon, Austernpilze, Shii-take) konnte bisher keine außergewöhnliche Radioaktivität gemessen werden.

Und wie sieht es bei der Pilz-Kultur im Garten aus? Dort zieht man die Pilze auch nicht im Boden, sondern auf einer Nährgrundlage, also vorwiegend auf Stroh und Holz. Getreide und Bäume nehmen über die Wurzeln wiederum nur einen geringen Teil des durch Tschernobyl in den Boden gelangten Cäsiums 137 auf. Genaue Ergebnisse dazu werden erst in einiger Zeit vorliegen. Grenzwerte wurden bisher keine festgesetzt.

Zweitens gibt es aber noch die Möglichkeit, daß Pilze durch Deckerde oberflächlich kontaminiert werden. Deswegen sollte man unbedingt darauf achten, hierfür keine verseuchte Gartenerde zu verwenden. Ganz Vorsichtige können ihre selbstkultivierten Pilze auch gründlich waschen, eventuell noch die Huthaut abziehen und den Stiel schälen.

Auf Jahrzehnte hinaus wird jedoch der Pilzanbau vielleicht die einzige Alternative sein, wenn man schmackhafte Pilze ohne großes gesundheitliches Risiko genießen will.

Ein bißchen Theorie

Wenn wir von Pilzen sprechen, denken wir häufig nur an die »Männlein im Walde«. Dabei sind aber die meisten Pilze so winzig, daß sie erst im Mikroskop sichtbar werden. Nur bei einem Bruchteil der bekannten Arten kann man zumindest die Fruchtkörper mit bloßem Auge sehen.

Oft wird vergessen, daß Pilze auch eine große Rolle in der Lebensmittelherstellung spielen: Kefir, Käse und Joghurt etwa könnten ohne sie nicht entstehen. Ebenso gäbe es ohne Hefepilze kein Brot, kein Bier und keinen Wein. Andererseits existiert wiederum eine Reihe von Schimmelpilzen, die Nahrungsmittel verderben. Dazu können Menschen, Tiere und Pflanzen noch von Pilzkrankheiten befallen werden. Pilze liefern uns jedoch auch wichtige Medikamente, die Antibiotika. Selbst die kultivierbaren Speisepilze zeigen Heilwirkungen, auf die später genauer eingegangen werden wird.

Inhaltsstoffe

Wir essen Pilze aber vor allem wegen ihres Wohlgeschmacks, der von ätherischen Ölen herrührt. Für die heutige Ernährung wichtig ist ihr geringer Kohlenhydrat- und Fettgehalt. So enthalten 100 g frische Pilze nur etwa 30 bis

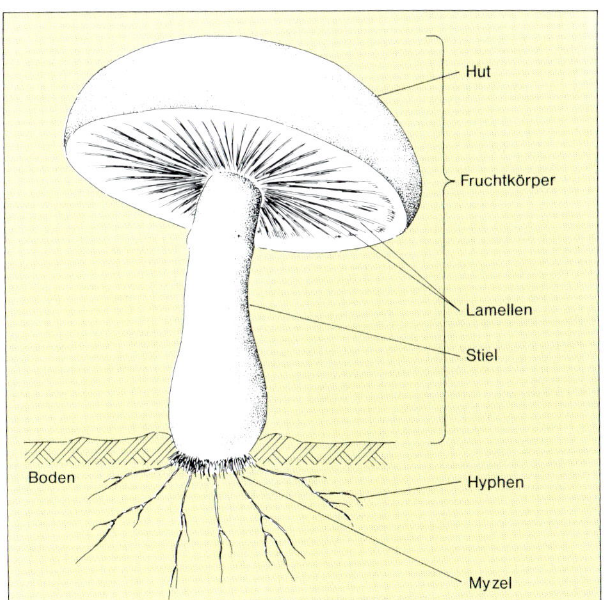

Aufbau eines Pilzes.

50 kcal. Interessant ist der Vitamingehalt der Pilze: Einige Vitamine der B-Gruppe und Vitamin C wurden nachgewiesen. Auch Vitamin D fand man, das in grünen Pflanzen nicht vorkommt. Ebenso können wichtige Mineralstoffe wie Kalium und Phosphor in größeren Mengen mit einer Pilzmahlzeit aufgenommen werden. Die Zellwände der Pilze enthalten Chitin und oft auch Zellulose. Beide Substanzen sind schwer verdaulich und regen als Ballaststoffe die Darmtätigkeit an. Sie bewirken aber auch, daß das in den Zellen eingeschlossene biologisch hochwertige pilzliche Eiweiß nur zu einem Teil verwertet werden kann.

Gestalt der Pilze

Die meisten unserer Speisepilze bilden einen Fruchtkörper, der aus Hut und Stiel besteht. Natürlich fruchten einige Pilzarten völlig anders, etwa die Trüffel. Diejenigen Arten, die auch für den Hobbypilzanbauer interessant sind, bilden aber fast alle die »klassische« Fruchtkörperform aus(s. Abb. Seite 11). An der Unterseite des Hutes findet man je nach Pilzart in der Regel Lamellen oder Röhren, in denen zahllose mikroskopisch kleine Sporen sitzen. Diese Sporen kann man mit den Samen der Pflanzen vergleichen.

Der Stiel hat die Aufgabe, den Hut möglichst hoch zu halten, damit der Wind die reifen Sporen wegtragen kann. Unter der Erde (oder in der Nährgrundlage) verbergen sich aber noch zwei weitere Teile des Pilzes: Gleich unterhalb des Stieles befindet sich ein dichtes schimmelartiges Geflecht, das von Fachleuten als Myzel bezeichnet wird. Es besteht aus zahllosen feinen Fäden, den sogenannten Hyphen. Die einzelnen Pilzfäden sind so dünn, daß man sie nur unter dem Mikroskop erkennen kann.

Das Myzel ist dazu da, die Nährstoffe zu speichern, die für die Entwicklung des Fruchtkörpers nötig sind. Die Hyphen, die noch im Umkreis von einigen Metern um den Fruchtkörper zu finden sind, haben die Aufgabe, diese Nährstoffe aufzunehmen und weiterzutransportieren. So vergleicht man die Hyphen auch gerne mit den Faserwurzeln der Pflanzen.

Lebensweise

Pilze besitzen kein Blattgrün und sind deshalb auf Nährstoffe angewiesen, die durch andere Lebewesen synthetisiert wurden. Sehr viele Pilzarten leben saprophytisch, d. h., sie ernähren sich von abgestorbenem organischem Material. Pilze, die Zellulose abbauen können, spielen eine wichtige Rolle im Kreislauf der Materie; sie führen pflanzliche Abfälle wieder in einfache organische Verbindungen zurück. Andere Pilze parasitieren, sie befallen lebende Organismen wie der holzzerstörende Hallimasch oder die Erreger zahlreicher Pilzkrankheiten.

Das geheimnisvollste Dasein aber führen die Mykorrhiza-Pilze; sie leben in Symbiose mit höheren Pflanzen. So findet man an den meisten Waldbäumen Seitenwurzeln, die dicht mit Pilzmyzel umsponnen sind. Beide Partner

Gesundes Substrat und gesunde Brut sind die wichtigsten Voraussetzungen für einen erfolgreichen Pilzanbau.

profitieren von dieser Gemeinschaft: Die Hyphen des Pilzes vergrößern das Wurzelwerk des Baumes beträchtlich und verbessern seine Nährstoff- und Wasseraufnahme. Dafür erhält der Pilz vom Baum verschiedene organische Verbindungen, über deren Zusammensetzung wir noch nicht genau Bescheid wissen. Viele sehr geschätzte Speisepilze können ohne Mykorrhiza (Pilzwurzel) keine Fruchtkörper bilden. Aus diesem Grund bereitet auch die Kultur von Pfifferling, Steinpilz und Trüffel so große Schwierigkeiten.

Begriffe

Nun zurück zu den Pilzen, die wir anbauen können. Zuerst müssen noch einige Begriffe geklärt werden, die für das Verständnis der Kulturmethoden wichtig sind.

Substrat

Um Pilze anbauen zu können, benötigen wir zuerst einmal eine Nährgrundlage, die von Fachleuten Substrat genannt wird. Wir werden vorwiegend Stroh, kompostierten Pferdedung oder Holz verwenden (s. Abb. oben).

Pilzbrut

Die Wildpilze vermehren sich durch Sporen. Einfacher und sicherer ist es aber für den Pilzanbauer, sein Substrat mit Pilzbrut zu impfen (s. Abb. oben). Der Fachmann sagt hierzu auch »spikken«. Bei der Brutherstellung wird etwas Myzel auf eine sterilisierte Nährgrundlage übertragen. Dieser Vorgang entspricht einer vegetativen Vermehrung, er ist vergleichbar mit der Vermehrung von Geranien durch Stecklinge. Als Nährgrundlage können hier Getreidekörner, Stroh, Kompost oder Holzstücke dienen. Gelegentlich angebotene Trockenbrut hat sich als nicht keimfähig erwiesen.

Pilzbrut selbst herzustellen, ist nicht einfach. Kauft man Pilzbrut – was die Regel ist – sollte sie sofort auf ihre Qualität überprüft werden. Gute Pilzbrut muß fast vollständig von dem weißen Myzel durchwachsen sein. Grüne, rote oder graubraune Stellen deuten auf Schimmelbefall hin, hier sollte man sofort reklamieren. Gute Pilzbrut riecht beim Öffnen der Packung angenehm würzig, schlechte aber modrig und muffig.

Pilzbrut hält sich nicht ewig. Je wärmer sie gelagert wird, desto schneller verbraucht das Myzel die Nährstoffre-

Rechts: Die Braunkappe (Stropharia rugoso-annulata) in freier Natur.

serven des Substrats. So kann es vorkommen, daß Brut nicht mehr keimfähig ist, obwohl sie noch gesund aussieht und riecht. Im Zweifelsfalle sollte man zu Hause sofort eine Keimprobe machen.

Keimprobe

Dazu werden 2 bis 3 Lagen befeuchtetes Küchen- oder Löschpapier in den umgedrehten Deckel eines Einmachglases oder einen Teller gelegt. Mit sauberen Händen entnimmt man nun aus der Brutpackung 10 bis 15 gut mit Myzel durchwachsene Körner (bei Braunkappen Strohstücke) und verteilt sie auf dem feuchten Papier. Darüber kommt ein Glas oder Frischhaltefolie. Unsere Probe soll 3 bis 4 Tage an einem schattigen Platz bei etwa 20 °C stehen, die Brut darf dabei nicht austrocknen. Ist die Brut noch gut keimfähig, müssen dann 80 bis 100 % der Körner (Strohstücke) mit einem weißen Myzel-Flaum bedeckt sein. Ist dies nicht der Fall, so sollte die überlagerte Brut unverzüglich zurückgegeben werden.

Beimpfung, Wachstum, Ernte

Hat sich die Brut als gesund erwiesen, so kann das Substrat damit beimpft werden. Nun muß sich das Myzel erst noch in der Nährgrundlage ausbreiten; dieser Zeitraum wird als Durchwachs- oder Anwachsphase bezeichnet. Wenn aber das Myzel sein Wachstum abgeschlossen hat, setzt endlich die Fruchtkörperbildung ein und man kann zur Ernte schreiten.

Pilze auf Stroh

Braunkappe

Die Wildform der Braunkappe nennt sich eigentlich »Rotbrauner Riesenträuschling« (*Stropharia rugoso-annulata*, s. Abb. oben).

Aussehen

Der Hut dieses heute weit verbreiteten Kulturpilzes kann jung gelbbraun bis rotbraun gefärbt sein, später blaßgelb bis kastanienbraun. Junge Braunkappen ähneln mit ihren halbkugelförmigen Hüten Steinpilzen. Der eingerollte Hutrand ist aber mit dem Stiel durch ein dünnes Häutchen verbunden, das zerreißt, sobald sich der Hut mit der Reife ausbreitet. Junge Braunkappen besitzen graue Lamellen, die später ebenso wie die Sporen dunkellila werden. Die Stiele sind weiß bis gelbbräunlich, beringt und sehr dickfleischig. Sie können bis zu 15 cm lang werden, während die Hüte einen Durchmesser von 8 bis 18 cm erreichen.

Das Fleisch ist weiß, unter der Huthaut aber leicht gelblich. Sein Geruch erinnert schwach an Rettich, es schmeckt angenehm mild. Die Braun-

Wässern des Strohballens.

kappe ist ein wertvoller Speisepilz, obwohl ihr Aroma nicht an das des Steinpilzes herankommt. Ihr Fleisch ist reich an Mineralstoffen und an Vitaminen der B-Gruppe. Es enthält etwa zehnmal soviel Nikotinsäure (Niacin) wie Kohl, Gurken oder Tomaten. Diese Säure beeinflußt Nervensystem und Verdauungsorgane positiv.

Geschichte

Der Rotbraune Riesenträuschling ist in freier Natur nur selten zu finden. Er wächst auf verrotteten pflanzlichen Abfällen. Die Geschichte des Braunkappen-Anbaus begann Anfang der 60er Jahre auf einer unbenutzten Galopprennbahn in Berlin-Karlshorst (DDR). Dort hatten Bauern Kartoffelmieten angelegt. Auf vermodernden Deckschichten solcher aufgelassener Mieten, die aus Stroh und Erde bestanden, wuchsen alljährlich Pilze, die man für Champignons hielt und mit Genuß verzehrte.

Es dauerte eine Weile, bis ein Pilzkundler in den »Champignons« den Rotbraunen Riesenträuschling erkannte. Nun begann die VEG Champignonzucht in Dieskau mit Anbauversuchen und entwickelte die klassische Kulturmethode. Die Riesenträuschlinge konnten von da an auf einem mit Erde abgedeckten Beet aus losem Stroh gezogen werden.

Den Rotbraunen Riesenträuschling bearbeitete man nun auch züchterisch und es entstanden zahlreiche Kultursorten, die sich teilweise erheblich von der Wildform unterscheiden. Deswegen werden diese Formen meist als »Kulturträuschling« bezeichnet. In Deutschland hat sich aber der teilweise irreführende Handelsname »Braunkappe« eingebürgert. Ende der 70er Jahre kam man darauf, daß Braunkappen auch ganz ohne Erdabdeckung nur auf Strohballen kultiviert werden können. Seitdem fanden Jahr für Jahr mehr Hobbygärtner Gefallen an diesem einfachen Anbauverfahren.

Anbau im Garten

Das neue, erdlose Kulturverfahren ist ideal für Leute, die erstmals selbst Pilze anbauen wollen. Geeignet für die Anlage von Braunkappen-Kulturen sind die Monate April bis Juni und September bis Oktober.

Strohballen. Benötigt werden Strohballen, am besten Hochdruckpreßballen, weil hier höhere Erträge zu erwarten sind. Man kann sie bei fast jedem Bauern oder im Landhandel günstig kaufen. Geeignet ist jede Art von Stroh, allerdings muß man unbedingt auf eine gute Strohqualität achten: Gesundes Stroh hat eine goldgelbe Farbe und riecht angenehm. Die Oberfläche der Halme glänzt und sie lassen sich nur schwer zerreißen. Wer im Frühjahr mit der Braunkappen-Kultur beginnen will, sollte nur völlig trocken gelagerte Strohballen erwerben.

Das Stroh darf kurz vor der Ernte auch nicht mit Pilzbekämpfungsmitteln gespritzt worden sein, weil sich sonst das Myzel des Kulturpilzes darin nicht ausbreiten kann. Seit neuerdings ist es sogar verboten, mit dem Herbizid »Roundup« behandeltes Stroh für die Substratherstellung zu verwenden. Die darauf gezüchteten Pilze könnten näm-

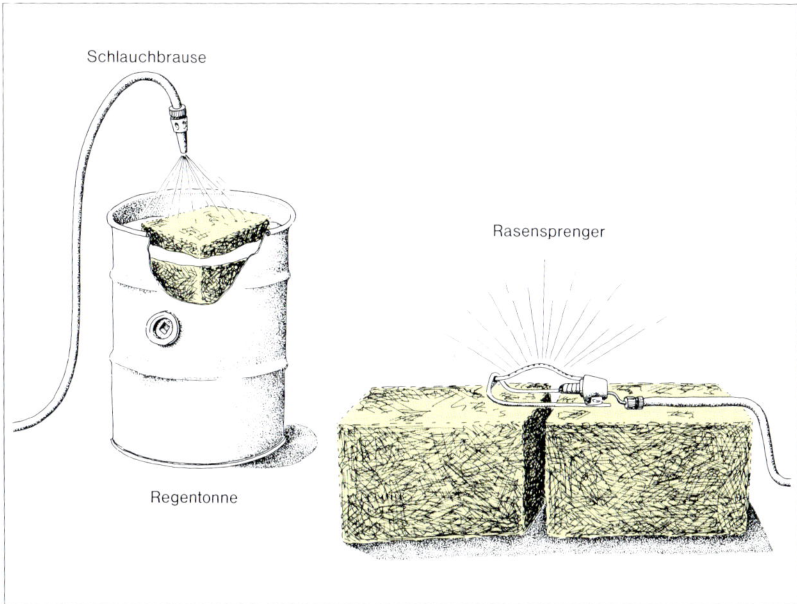

lich zu hohe Rückstände dieses Mittels enthalten.

Braunkappen-Brut wird in der Regel als Strohbrut verkauft. Eine Packung enthält meist 1 l Brut, wiegt 450 bis 500 g und reicht für 2 Strohballen. Inzwischen werden aber auch Kleinpackungen für 1 Ballen angeboten. Bis zum Verbrauch sollte man die Brut kühl lagern, bei 2 bis 10 °C hält sie sich 2 bis 3 Monate. Entscheidend ist die Qualität der Brut. Auf diese wichtige Frage wurde schon auf Seite 13 eingegangen.

Ideal für den Braunkappen-Anbau sind halbschattige und windgeschützte Plätze im Garten. Man kann seine Ballen also unter Bäumen oder neben Sträuchern im Rasen plazieren. Aber auch Stellen in praller Sonne kommen in Frage, wenn ein Schutzdach errichtet wird. Wichtig ist stets, daß der beimpfte Strohballen mit der Erde Kontakt hat, da sich das Braunkappen-Myzel auch im Boden ausbreiten will.

Wässern der Strohballen. Vor der Beimpfung muß der Strohballen gründlich gewässert werden. Dazu gibt es mehrere Möglichkeiten: Man kann den Ballen für 2 Tage völlig unter Wasser tauchen, etwa in der Regentonne oder in einer alten Badewanne. Nasses Stroh hinterläßt übrigens hartnäckige gelbe Flecken, deshalb ist das häusliche Bad nicht unbedingt der ideale Wässerungsort. Außerdem wiegen die vollgesogenen Ballen 40 bis 50 kg, also sollte man sie nicht allzu weit vom endgültigen Standort wässern. Stehen aber nur Gefäße zur Verfügung, in denen der Ballen nicht völlig untertauchen kann (Schubkarren, Mörtelkübel), muß er nach 2 Tagen gewendet und noch einmal die gleiche Zeitspanne in frischem Wasser gewässert werden (s. Abb. oben).

Auch den Rasensprenger kann man zu Hilfe nehmen, er sollte etwa 4 bis 5 Tage die Ballen beregnen. Dabei werden diese am besten so hingelegt, daß

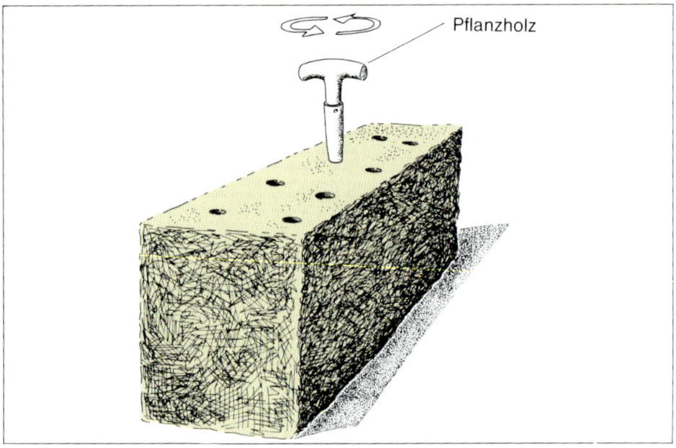

Impfen des Strohballens.

die Schnittflächen der Strohhalme nach oben zeigen. Dadurch kann das Wasser leichter eindringen. Am mühsamsten ist das Wässern per Gießkanne oder Schlauchbrause. Etwa 1 Woche lang muß zehnmal täglich der Strohballen so lange begossen werden, bis das Wasser jeweils unten wieder herausläuft.

Nach 1 Woche sollte man dann erst einmal eine Probe machen, ob der Ballen schon genügend Wasser gespeichert hat: An der Seite wird eine Handvoll Strohhalme herausgezogen und mit beiden Händen gegeneinandergedreht. Wenn dabei Wassertröpfchen aus den Halmen treten, ist der Ballen feucht genug. Nach dem Wässern muß der Ballen aber unbedingt 1 Tag lang abtropfen, bevor geimpft wird. Auch sollte der Ballen nun wirklich an seinen endgültigen Standort kommen.

Beimpfen. Zum Impfen der Hochdruckpreßballen braucht man robustes Werkzeug. Geeignet sind ein Pflanzholz, Stock oder Eisenstab. Wichtig für einen erfolgreichen Anbau ist sauberes Arbeiten. Hände und Arbeitsgerät sollten vor dem Impfen gereinigt und auch der Strohballen möglichst nicht mit Erde beschmutzt werden. Die Seiten des Strohballen, an denen die Halmenden sichtbar werden, lassen sich am einfachsten beimpfen. Dazu dreht man ihn mit den Halmenden nach oben und bohrt in gleichmäßigen Abständen 8 etwa 10 cm tiefe Löcher, in die jeweils ein daumengroßes Stück Strohbrut gesteckt wird. Diese Löcher schließen sich von selbst wieder (s. Abb. oben).

Dann wendet man den Ballen und wiederholt auf der gegenüberliegenden Seite die Prozedur. Wenn das Drehen des schweren Ballens zu mühsam ist, kann auch nur die Breitseite des Ballens beimpft werden. Allerdings macht es dafür dort mehr Mühe, die Löcher zu bohren. Etwa 15 sollten in gleichmäßigen Abständen bis zur Mitte des Ballens getrieben und mit Brut bestückt werden. Auf dieser Seite schließen sich die Löcher meist nicht von selbst. Man sollte notfalls mit dem Absatz nachhelfen, damit das Myzel nicht von Schädlingen befallen werden kann.

Anwachsphase. Nach dem Wässern und Impfen ist der mühsamste Teil des Braunkappen-Anbaus bereits geschafft. Das Myzel muß nun den Ballen gleichmäßig durchspinnen. Es wächst bereits bei einer Mindesttemperatur von 5 °C, optimal sind aber 25 °C. Ab 35 °C wird die Situation kritisch, das Myzel läuft Gefahr, abzusterben. Deswegen sollte man für Ballen, die in der prallen Sonne

Rechts: Gut von weißem Myzel durchwachsener Strohballen mit junger Braunkappe. Unten: Regenschutz für Strohballen.

liegen, auch ein Schattendach basteln.

Vor allem für frischbeimpfte Strohballen ist Dauerregen ungünstig; das Myzel könnte ersticken. Man muß den Ballen mit Folie abdecken oder einen Folientunnel darüber stellen (s. Abb. unten). An den Seiten sollte aber stets Luft durchstreichen können. Das Myzel produziert nämlich während seiner Entwicklung Kohlendioxid (CO_2); ein zu hoher CO_2- Gehalt beeinträchtigt aber sein Wachstum. Wurden mehrere Ballen beimpft, legt man sie Kopf an Kopf hintereinander. Zwischen den Reihen sollte ein 50 cm breiter Weg gelassen werden, damit die Luft zirkulieren kann und die Ernte leichter fällt.

Besonders wenn im Frühjahr beimpft wurde, muß darauf geachtet werden, daß der Ballen nicht zu stark austrocknet. Allerdings gibt der Ballen das Wasser genauso langsam wieder ab wie er es vorher aufnahm. Bei anhaltend trockenem Wetter sollte man nachsehen, ob der Ballen 2 bis 3 cm unter der Oberfläche noch gut feucht ist. Ist dies nicht der Fall, so muß etwa eine halbe Gießkanne voll Wasser darübergegossen werden.

Am wenigsten Pflege brauchen die im Herbst angelegten Kulturen. Nur in sehr kalten Gebieten sollte der Ballen während Dauerfrostperioden mit Stroh oder Laub abgedeckt werden. Die ersten Pilze sind im Mai oder Juni des folgenden Jahres zu erwarten. Ballen, die im Frühjahr beimpft wurden, liefern 2 bis 4 Monate später die ersten Pilze. Die Fruchtkörperbildung erfolgt bei einer Temperatur von 12 bis 25 °C. Während der folgenden 3 bis 4 Monate werden

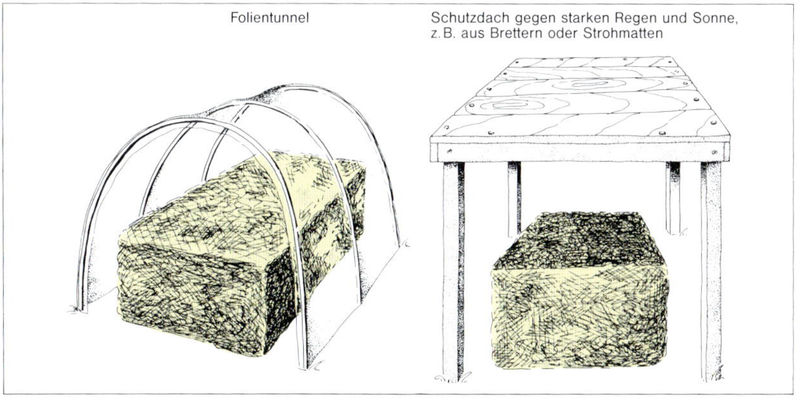

die Braunkappen in mehreren Wellen heranwachsen. Der Strohballen sollte in dieser Zeit immer ausreichend feucht gehalten werden.

Ernte, Ertrag. Braunkappen sind erntereif, wenn das Häutchen an der Unterseite des Hutes zwar aufgerissen, die Hüte selbst aber noch nicht ganz ausgebreitet sind. Die Pilze sollten vorsichtig herausgedreht werden. Würde man sie abschneiden, könnten die zurückgebliebenen Strünke faulen und Schädlinge anlocken. Es kann mit einem Ertrag von 3 bis 10 kg je Strohballen gerechnet werden. Schließlich fallen die Ballen in sich zusammen. Die Nährstoffreserven des Strohs sind aufgebraucht, es kann aber noch im Garten zur Bodenlockerung verwendet werden.

Die klassische Kulturmethode

Der Vollständigkeit halber soll hier auch auf die etwas umständlichere klassische Kulturmethode eingegangen werden (s. Abb. oben).

Als Substrat dient wieder frisches gesundes Stroh, das nicht zerkleinert werden muß. Früher schwor man auf gehäckseltes Stroh, weil es beim Anbau in Kisten bequemer zu verarbeiten ist. Strohhäcksel ist eventuell beim nächsten Reitstall zu bekommen; auch einige Pilzbrut-Hersteller bieten es inzwischen an.

Das Stroh muß nun auch wieder befeuchtet werden. Dazu sollte man sich einen sauberen Platz suchen, eine betonierte Fläche eignet sich besonders gut. Hier kann man das Stroh auf einen Haufen schütten, der nicht höher als 1 m sein sollte und 2- bis 3mal täglich mit einer Brause gründlich gewässert wird.

Natürlich können auch ganze Strohballen wie vorher beschrieben gewässert werden. Anschließend nimmt man dann den Ballen auseinander und läßt

Links: Oft wachsen Braunkappen auch neben dem Strohballen aus dem Boden.

Unten: Braunkappen-Anbau nach der klassischen Kulturmethode.

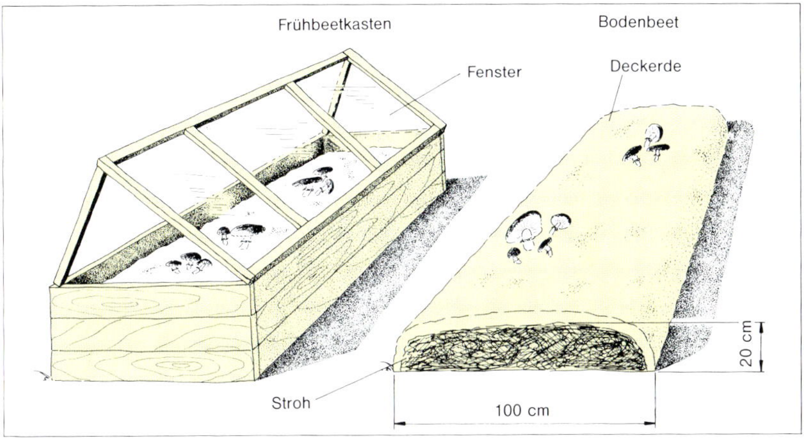

das Stroh abtropfen. Für die Wahl des Standortes und den günstigsten Zeitpunkt für die Kulturanlage gilt das bereits beim erdlosen Kulturverfahren Gesagte.

Man hat nun die Möglichkeit ein Bodenbeet zu errichten, vorhandene Frühbeetkästen zu nutzen oder selbst einen Kasten für die Braunkappen-Kultur zu zimmern. Für ein Bodenbeet wird das feuchte Stroh etwa 20 cm hoch und 1 m breit auf die Erde gelegt. Man benötigt jeweils 1 Strohballen oder 20 bis 25 kg Stroh für 1 m^2 Beetfläche. Auch in Frühbeetkästen muß die Strohschicht 20 cm dick zu liegen kommen. Braunkappen brauchen aber von der Strohoberfläche bis zur Fensterunterkante mindestens 15 cm Luftraum. Deswegen sollte man vorher ausreichend Erde aus den Frühbeetkästen herausnehmen. Auch bei selbstgezimmerten Kästen ist dies zu beachten.

Am besten beimpft man die Strohbeete gleich wenn man sie anlegt. Zuerst wird eine ungefähr 15 cm starke Lage Stroh aufgeschichtet und festgetreten. Dann verteilt man walnußgroße Brutstücke im Abstand von 20×20 cm. Eine Packung Brut reicht für maximal 1,5 m^2 Beetfläche. Anschließend wird die letzte Strohschicht aufgebracht. Natürlich können die Brutstücke auch noch nachträglich ins Beetinnere geschoben werden.

Nach dem Beimpfen deckt man Bodenbeete mit gelochter Plastikfolie ab, bei Frühbeetkästen werden die Fenster aufgelegt und bei selbstgezimmerten Kästen kann man gelochte Folie oder Schilfmatten als Abdeckung verwenden. Das Myzel hat sich gesund entwikkelt, wenn sich im Stroh weiße Nester zeigen. Es kann vorkommen, daß die obersten 2 cm des Beetes zu trocken waren und deswegen nicht durchwachsen wurden. Diese Strohschicht sollte man besser entfernen.

Unten: Braunkappen-Anbau im Haus.

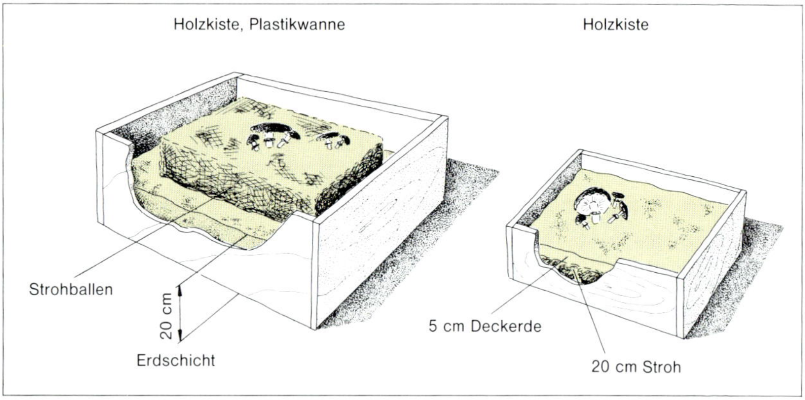

Auf das gut durchwachsene Stroh muß nun eine möglichst kalkfreie Deckerde aufgebracht werden. Ideal ist eine gut feuchte Mischung aus Gartenerde und Torf zu gleichen Teilen. Die Erdschicht sollte 2 bis 3 cm dick sein, auf sie kommt nun für 2 bis 3 Wochen wieder eine Abdeckung. Sobald auf der Oberfläche der Deckerde weißes Myzel sichtbar wird, muß man für ausreichende Belüftung sorgen. Bei Bodenbeeten wird die Abdeckung ganz entfernt, bei Kästen um einige cm angehoben. Als Regenschutz kann über Bodenbeeten ein einfaches Dach errichtet werden. Die Deckerde muß man stets ausreichend feucht halten, am besten mit einer feinporigen Brause.

Etwa 1 Monat später kann mit der ersten Erntewelle gerechnet werden. Je m^2 Beetfläche sprießen insgesamt 3 bis 6 kg Pilze. Mit Einbruch der kühlen Jahreszeit hört die Fruchtkörperbildung auf. Es kann aber im folgenden Frühling noch eine Erntewelle auftreten.

Anbau im Haus

Auch auf dem Balkon oder in einem ungenutzten Raum können Braunkappen gezogen werden. Die beimpften Strohballen brauchen aber unbedingt Erdkontakt. Man sollte also einen ausreichend großen Behälter 20 cm hoch mit Erde auffüllen, bevor der Ballen hineingesetzt wird (s. Abb. oben). Die Räume müssen gut zu lüften sein, da sich das Myzel sonst nicht entwickeln kann. Braunkappen brauchen auch etwas Licht. Bekommen sie zuwenig, färben sie sich nicht braun, sondern wachsen als »Weißkappen«. Nachdem Pilze aus Abgasen Schwermetalle aufnehmen, sollte man sie ganz allgemein in benützten Garagen besser nicht ziehen.

Nach der klassischen Kulturmethode können Braunkappen auch in Kisten oder Blumenkästen kultiviert werden. Besonders Fenster, die auf der Schattenseite des Hauses liegen, sind ein guter Standort für solche Pilz-Kulturen. Falls

Begleitpilze beim Pilzanbau auf Stroh. Von oben nach unten: Zweisporiger Tintling (Coprinus bisporus), Blasiger Becherling (Peziza versiculosa) und Goldmistpilz (Bolbitius vitellinus).

man über eine ungenützte Scheune oder einen alten Stall verfügt, können dort Braunkappen auch auf Bodenbeeten angebaut werden.

Mißerfolge und ihre Ursachen

Was ist zu tun, wenn auf den Strohballen einfach keine Braunkappen erscheinen wollen? Zunächst sollte man an mehreren Stellen das Stroh auseinanderziehen und nachsehen, ob weiße Myzel-Fäden sichtbar werden. Ist dies nicht der Fall, so ist das Myzel abgestorben. Die häufigste Ursache dafür ist zu starkes Gießen, oder der Strohballen war beim Impfen noch zu naß. Er kann aber auch von Schimmelpilzen oder Milben befallen worden sein, die eine Entwicklung des Myzels verhinderten. Solche Strohballen muß man entfernen. Wenn mehrere Jahre hintereinander Braunkappen angebaut werden, sollte man stets den Standort wechseln.

Sind im Strohballen aber Myzel-Fäden zu finden, kann man noch auf Braunkappen hoffen. Eventuell ist das Myzel extrem langsam gewachsen, weil der Ballen vor dem Impfen nicht ausreichend gewässert wurde oder der Luftaustausch während der Anwachsphase zeitweise zu gering war.

Will aus einem gut durchwachsenen Ballen absolut keine Braunkappe sprießen, so hilft meist ein Rückgriff auf die klassische Kulturmethode: Der Strohballen wird etwa 4 cm dick mit Erde abgedeckt, die ständig feuchtgehalten werden muß. 1 Monat darauf erscheinen in der Regel Pilze.

Mancher Hobbypilzanbauer ist verunsichert, wenn sich bald nach dem

Übersicht Braunkappen-Anbau

1. Kultur auf präparierten Strohballen

Zeitpunkt der Anlage	Behandlung des Substrates	Beimpfung	Durchwachsphase	Ernte, Ertrag
April bis Juli und September bis Oktober	Ballen wird 2 bis 7 Tage gewässert	Ballen muß vorher 1 Tag abtropfen 1 l Brut reicht für 2 Ballen	optimale Temperatur um 25 °C, bei Frühjahrsanlage 2 bis 3 Monate, bei Herbstanlage bis ins folgende Frühjahr	Fruchtkörperbildung in mehreren Wellen während 3 bis 4 Monaten, bei Temperaturen von 12 bis 25 °C Ertrag 3 bis 10 kg Pilze je Strohballen

2. Klassische Kulturmethode auf Strohsubstrat

Zeitpunkt der Anlage	Behandlung des Substrates	Beimpfung	Durchwachsphase	Ernte, Ertrag
wie oben	Stroh oder Strohhäcksel wird auf Betonboden oder Plane gewässert 1 Ballen bzw. 25 kg Stroh reichen für 1 m^2 Beetfläche	Substrat in Beete oder Kästen ausbringen und gleich beimpfen 1 l Brut reicht für maximal 1,5 m^2 Fläche	Substrat abdecken nach etwa 4 Wochen zeigen sich weiße Nester im Stroh nun etwa 5 cm hoch eine kalkfreie Deckerde aufbringen Kultur abdecken, bis Myzel auf die Oberfläche der Deckerde gewachsen ist (2 bis 3 Wochen)	Fruchtkörperbildung 4 bis 5 Wochen nach Entfernen der Abdeckung Ertrag 3 bis 10 kg/m^2

Impfen ungebetene Strohballenbewohner einstellen. Es sind dies der Zweisporige Tintling, der Blasige Becherling und seltener auch der Goldmistpilz (s. Abb. Seite 23). Hier besteht aber kein Grund zur Beunruhigung; diese Pilze werden meist bald vom Braunkappen-Myzel verdrängt. Oft wuchsen auf solchen Ballen die Braunkappen später sogar besonders zahlreich. Es schadet übrigens nicht, wenn auf dem Strohballen einzelne Getreidekörner austreiben.

Den Schnecken schmecken die Braunkappen leider auch. Deshalb sollten die Pilzkulturen mit einem Schnekkenzaun oder einem Ring aus Holzasche oder Sägemehl geschützt werden. Die altbekannten Bierfallen leisten ebenfalls gute Dienste. Viele Pilzzüchter raten inzwischen davon ab, Schnekkenkorn zu verwenden. Es ist noch nicht sicher geklärt, ob das Myzel, das ja vom Ballen in die Erde wächst, nicht doch schädliche Wirkstoffe des Schneckenkorns aufnimmt.

Madenbefall kann sehr gut vorgebeugt werden, indem man die Pilze nicht überreif erntet und auch keine Pilzteile liegenläßt. Bei der klassischen Kulturmethode verursacht vor allem der Schimmelpilz *Trichoderma polysporum* einen völligen Ertragsausfall.

Verwendung, Lagerung, Konservierung

Bei frisch geernteten Braunkappen braucht nur die Stielbasis abgeschnitten zu werden, an der noch Erd- oder Substratreste hängen. Schälen und Waschen ist meist nicht nötig. Die Lamellen großer Pilze können herausgeschnitten werden, falls man daran Anstoß nimmt, daß die Speisen von den Sporen eine dunkle Farbe bekommen.

Braunkappen sollten nicht zu fein aufgeschnitten werden, da ihr Fleisch beim Zubereiten schrumpft. Im Kühlschrank halten sich Braunkappen 3 bis 4 Tage. Junge, geschlossene, trockene Pilze können portionsweise tiefgefroren werden. Nach neueren Erkenntnissen ist Blanchieren nicht nötig. Braunkappen halten sich in der Tiefkühltruhe etwa 10 Monate und sollten unaufgetaut verarbeitet werden. Zum Trocknen eignen sich Braunkappen weniger. Ernteüberschüsse lassen sich aber sehr gut in Kochsalzlösung oder Essigsud konservieren.

Austernpilz

Manche Waldspaziergänger sind schon am Austernpilz *(Pleurotus ostreatus)* vorbeigekommen, ohne ihm besondere Beachtung zu schenken. Er wächst bei uns im Spätherbst und Winter büschelweise auf Stümpfen von Laubbäumen. Der Austernpilz wird oft auch »Austernseitling« oder »Muschelpilz« genannt, weil sein Stiel fast immer an der Seite des Hutes ansetzt und besonders die Kappen junger Pilze an Muscheln erinnern. Einige Werbestrategen wollten für ihn auch den Namen Kalbfleischpilz einbürgern. Dieser Vergleich ist aber doch etwas übertrieben.

Aussehen

Austernpilz-Hüte können einen Durchmesser von 6 bis 20 cm erreichen. Die

Färbung variiert sehr stark, es gibt gelbliche, braune, graubraune, graue, stahlblaue oder sogar violette Typen. Die Lamellen sind je nach Typ weißlich, hellbraun oder hellgrau und laufen weit am Stiel herab. Dieser ist ähnlich wie die Lamellen gefärbt, wird 1 bis 4 cm lang und 1 bis 3 cm breit. Wie schon gesagt, setzt er meist nicht in der Mitte des Hutes an (s. Abb. Seite 26).

Bei jungen Pilzen ist der Hutrand nach unten gewölbt, später steht er waagrecht und bei überreifen Pilzen wölbt er sich nach oben. Das Fleisch des Austernpilzes ist weiß und fest. Es riecht angenehm aromatisch und schmeckt mild. Bei überreifen Pilzen können vor allem die Stiele zäh und holzig sein.

Der Austernpilz hat noch einige wohlschmeckende Verwandte: Der Rillstielige Seitling (*Pleurotus cornucopiae,*) wird im Fernen Osten bereits kultiviert. Er kommt auch bei uns ebenso wie der Taubenblaue Seitling (*Pleurotus columbinus*, s. Seite 7) wild vor. Der Anbau der letztgenannten Art wäre besonders interessant, weil sie im Gegensatz zu fast allen anderen kultivierbaren Pilzen auch auf Nadelholz gedeiht.

Verschiedene Typen

Der Hobbypilzanbauer kann aber in der Regel nur Austernpilz-Brut erwerben. Angeboten werden mehrere Typen: Die Kulturstämme des Winterausternpilzes gingen aus unserem heimischen Austernpilz hervor. Er wird so genannt, weil er bei Temperaturen zwischen 4 und 15 °C Fruchtkörper entwickelt und deswegen nur vom Herbst bis ins Frühjahr geerntet werden kann. Winterausternpilze können grau, stahlblau oder dunkelbraun gefärbt sein, ihr Fleisch ist dick und fest.

Aus Florida wurde ein Stamm einge-

Der Austernpilz (Pleurotus ostreatus) auf Stroh.

führt, der höhere Temperaturen benötigt. Aus ihm züchtete man die Kulturstämme des Sommerausternpilzes. Sie fruchten bei Temperaturen von 15 bis 25 °C, ab 28 °C stellen sie ihr Wachstum ein. Die Sommertypen sind zarter, sie können hellbraun bis gelblich und manchmal fast weiß gefärbt sein. Inzwischen wird auch ein Ganzjahrestyp angeboten: *Pleurotus pulmonarius* ist ein enger Verwandter des Austernpilzes und bildet im Temperaturbereich von 6 bis 28 °C Fruchtkörper. Seine Hüte sind hell- bis dunkelgrau, sie erscheinen vom zeitigen Frühjahr bis in den Spätherbst hinein.

Um die Jahrhundertwende versuchte man erstmals, Austernpilze auf Holzstämmen anzubauen. Auf die dabei entwickelten Methoden wird im Kapitel über die holzbewohnenden Pilze genauer eingegangen (s. Seite 74). Inzwischen fand man aber heraus, daß Austernpilze auch sehr gut und sogar viel schneller auf Stroh wachsen. Deswegen ziehen viele Hobbypilzanbauer diese Methode vor.

Anbau im Garten

Natürlich kann man Strohballen einfach auf die bei den Braunkappen beschriebene Art wässern und dann mit Austernpilz-Brut impfen. Diese Brut ist aber viel empfindlicher als die der Braunkappen. Selbst wenn wirklich einwandfreies Stroh verwendet wurde, kann es bei dieser einfachsten Methode durchaus vorkommen, daß das Austernpilz-Myzel von Schimmelpilzen befallen wird.

Um dem abzuhelfen, wurde ein neues Verfahren entwickelt: Ähnlich wie bei der Sauerkrautgärung unterzieht man den Strohballen einer anaeroben Fermentation. Während des Gärvorgangs sorgen Mikroorganismen dafür, daß das Stroh sauer wird. In diesem Milieu können unerwünschte Pilze und Bakterien nicht mehr existieren – wohl aber der Austernpilz. Er kann sich im fermentierten Strohballen ausbreiten, ohne sich gegen Konkurrenzorganismen durchsetzen zu müssen.

Wie schon bei der Braunkappen-Kultur erwähnt, muß stets gesundes und nicht mit Pilzbekämpfungsmitteln oder »Roundup« behandeltes Stroh verwendet werden. Im Gegensatz zu den Braunkappen sollte man bei den Austernpilzen aber keine Strohbrut kaufen, da diese schlecht anwächst. Für Austernpilze wird in der Regel sowieso nur Körnerbrut angeboten. Eine Packung enthält meist 2 l Brut, pro Strohballen werden etwa 1 l benötigt (1 l Körnerbrut wiegt ungefähr 650 g). Austernpilz-Brut ist im Kühlschrank nicht sehr lange lagerfähig. Bei 2 bis 4 °C hält sie sich nur 3 bis 4 Wochen. Man sollte sich die Brut also nicht früher als 2 Wochen vor dem geplanten Impftermin liefern lassen und zuerst – wie auf Seite 13 beschrieben – ihre Qualität prüfen. Austernpilz-Brut ist meist zu einem festen Klumpen zusammengewachsen. Kurz vor dem Impfen muß man diesen in passende Brocken zerteilen, möglichst ohne die empfindliche Brut dabei mit den Fingern zu berühren. Am besten drückt man den Klumpen im noch geschlossenen Beutel auseinander.

Bevor die Brut bestellt wird, muß man sich entscheiden, welcher Au-

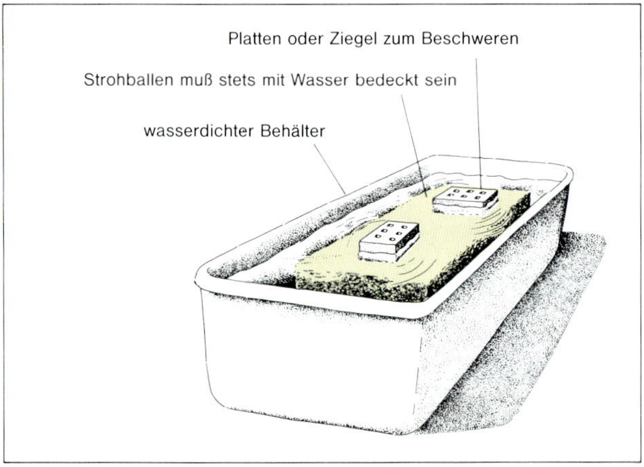

Präparation des Strohballens für den Austernpilz-Anbau.

sternpilz-Typ angebaut werden soll. Die Auswahl kann nach rein äußerlichen Gesichtspunkten erfolgen, etwa ob man nun stahlblaue dickfleischige oder hellbraune zartere Pilze essen will. Andererseits sollte bedacht werden, wann man die Pilze ernten will: Im Sommer, im Winter oder fast das ganze Jahr über? Im letzten Fall gibt es nun auch wieder zwei Möglichkeiten: Entweder man baut den Ganzjahrestyp an oder sowohl Sommer- als auch Wintertyp.

Die beste Anlagezeit für den Sommerausternpilz sind die Monate Mai und Juni, für den Winterausternpilz die Monate Juli bis September. Der Ganzjahrestyp kann vom Frühjahr bis zum Herbst angelegt werden. Austernpilze benötigen für ein gutes Gedeihen mehr Feuchtigkeit als die Braunkappe. Deswegen sollten Austernpilz-Kulturen am besten einen vollschattigen Platz bekommen.

Präparieren der Strohballen. Um möglichst keimfreies Stroh zu erhalten, wird der Ballen vor der Impfung einem Gärprozeß unterworfen. Damit dieser Vorgang optimal abläuft, muß der Ballen mehrere Wochen vollkommen unter Wasser getaucht werden. Er darf nicht mit Sauerstoff in Berührung kommen. Man benötigt also einen ausreichend tiefen Behälter, etwa eine Regentonne oder eine alte Badewanne. Der trockene Strohballen würde aber im Wasser schwimmen. Deswegen muß man ihn beschweren, damit er völlig untertaucht (s. Abb. oben).

Falls kein geeigneter Behälter vorhanden ist, könnte man sich auch eine ausreichend große Kiste zimmern, die mit einer kräftigen Plastikfolie ausgelegt wird. Wenn weder Behälter noch heimwerkerisches Können vorhanden sein sollten, bleibt noch die Möglichkeit, den Strohballen zur Fermentation in eine ausreichend starke (mindestens 0,2 mm dicke) Folie einzuschlagen.

In Folie eingeschlagener Strohballen.

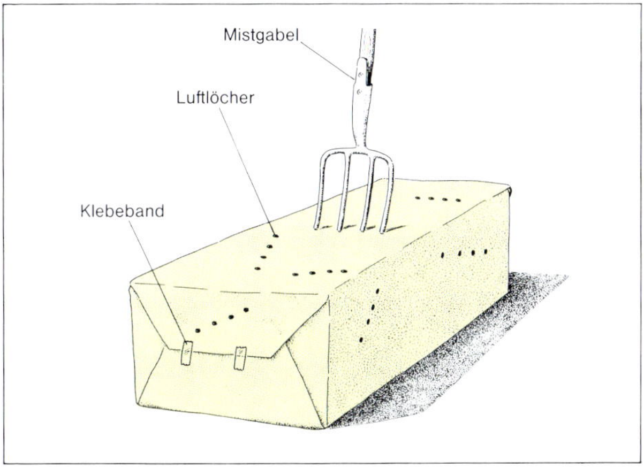

Man braucht ein rechteckiges Stück von mindestens 2,50 m Seitenlänge. Der Ballen wird auf die Folie gesetzt und die vier Ecken über ihm zusammengeschlagen. Damit wir aber noch Wasser einfüllen und auch die bei der Gärung freigesetzten Gase entweichen können, müssen wir oben eine Öffnung lassen. Man kann zum Beispiel die Ecken der Folie um ein kurzes, dickes Plastikrohr schnüren. Alles muß wirklich fest verknotet werden, damit der Wasserdruck die Enden nicht wieder auseinanderzieht. Man kann diesen provisorischen Behälter noch stabilisieren, indem man ihn mehrmals mit Paketklebeband umwickelt. Anschließend wird am besten per Schlauch das Wasser eingefüllt.

Welches Behältnis man nun auch benützt, wichtig ist wie gesagt, daß der Ballen stets mit Wasser bedeckt ist. Man sollte regelmäßig nachsehen und nötigenfalls sofort Wasser nachfüllen. Wie schnell der Fermentationsprozeß beendet ist, hängt von der Temperatur ab. Bei einer Durchschnittstemperatur von 20 °C ist er nach 2 Wochen abgeschlossen, bei 15 °C dauert er schon 1 Woche länger und bei 10 °C kommt der ganze Vorgang überhaupt nur mühsam in Gang. Man kann allerdings auch während der kühleren Jahreszeit Strohballen fermentieren, wenn der Behälter in einem temperierten Raum aufgestellt wird. Im Sommer ist ein halbschattiger Platz im Garten ideal.

Der Ballen hat lange genug im Wasser gelegen, wenn er eine hellgelbe Farbe zeigt und säuerlich riecht. Er sollte aber unbedingt 1 Tag abtropfen, bevor er mit Austernpilz-Brut beimpft wird.

Beimpfung, Anwachsphase. Beimpft wird der Ballen dann auf die bereits bei den Braunkappen beschriebene Art. Pro Loch benötigt man 2 bis 3 Eßlöffel Körnerbrut. Man sollte auch hier äußerst sauber arbeiten und die emp-

findliche Austernpilz-Brut so wenig wie möglich berühren. Übriggebliebene Körner kann man noch über den Ballen streuen.

Der fertig beimpfte Strohballen wird mit einer Plastikfolie abgedeckt, in die man z.B. mit einer Mistgabel etwa 2 Dutzend Löcher bohrt (s. Abb. Seite 29). Der Austernpilz unterscheidet sich nämlich in noch einem wichtigen Punkt von der Braunkappe: Das Wachstum des Austernpilz- Myzels wird durch einen erhöhten CO_2-Gehalt stimuliert. Die Folie behindert den Luftaustausch, dadurch kann das vom Myzel produzierte CO_2 nicht sofort entweichen. Gleichzeitig schützt sie den Ballen vor Regen und bewahrt ihn vor schnellem Austrocknen.

Damit das Myzel den Strohballen zügig durchwachsen kann, sollte es nun mindestens 15 °C warm sein. Besser sind 20 bis 25 °C, wobei allerdings die Temperatur im Ballen nie über 30 °C steigen sollte, da das Myzel sonst absterben könnte. An schattigen Plätzen wird es kaum so heiß werden. An halbschattigen kann man die Temperatur im Ballen durch ein Steckthermometer kontrollieren, nötigenfalls muß die Folie entfernt werden, bis die Temperatur wieder unter 30 °C sinkt.

Je nach Temperatur ist der Strohballen 3 bis 5 Wochen später vom Austernpilz-Myzel durchsponnen. Nun sollte der Ballen spätestens an seinen endgültigen Standort gebracht werden. Die Folie muß man nun entfernen, da bereits geringe Konzentrationen von CO_2 an den Fruchtkörpern Deformationen hervorrufen. Bei leichtem Frischluftmangel bilden sich Austernpilze mit langen Stielen und trichterförmigen Hüten. Bei hohen CO_2-Konzentrationen entwickeln sich oft nur noch weiße Wucherungen. Deswegen sollte man bei Dauerregen den Ballen besser mit gelochter Folie abdecken. Man kann aber

Links: Austernpilze auf Strohballen. Rechts: Austernpilz-Kultur in Plastiksäcken.

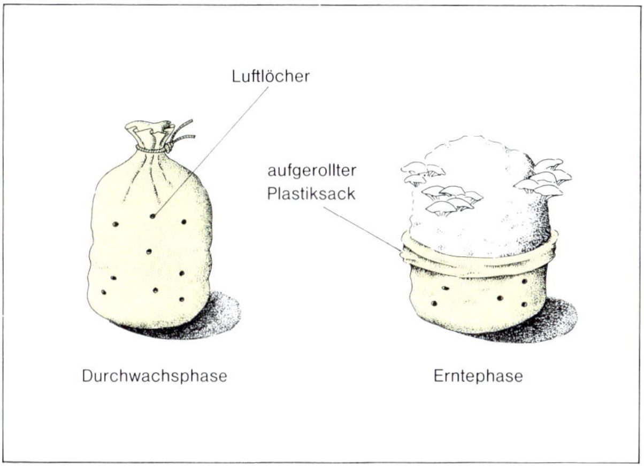

auch ein einfaches Schirmdach errichten. Bei trockener Witterung muß die Ballenoberfläche stets leicht feucht gehalten werden, sonst könnten die kleinen Pilze vertrocknen. Man gießt aber nur etwa 1 l Wasser pro Ballen.

Ernte, Ertrag. Je nach Witterung und Temperatur erscheinen 2 bis 3 Wochen später die ersten kleinen Austernpilze. Es dauert wiederum etwa 10 Tage, bis diese erntereif sind. Pflücken sollte man die Pilze am besten dann, wenn ihr Hutrand in die waagrechte Stellung übergeht. Austernpilze wachsen meist in Büscheln, die einzelnen Fruchtkörper sind an der Stielbasis miteinander verbunden. Deswegen hat es auch keinen Sinn, größere Fruchtkörper herauszutrennen, weil die kleineren Pilze daraufhin absterben würden. Man bricht das ganze Büschel vorsichtig ab, wenn die meisten Exemplare reif sind.

Die nächsten 2 bis 3 Monate werden in mehreren Wellen immer wieder Austernpilze heranreifen, solange für den jeweiligen Typ die idealen Temperaturen herrschen. Im Herbst beimpfte Ballen bringen oft erst im nächsten Jahr Pilze hervor. Die Austernpilz-Kulturen sind weitgehend frosthart. In Gewächshäusern kann man Winterausternpilze selbst ohne Heizung noch bis in den Dezember hinein ernten.

Abgetragene Strohballen fallen stark zusammen. Das Stroh kann im Garten noch zur Bodenlockerung verwendet werden. Insgesamt darf man pro Strohballen mit einer Ernte von 4 bis 5 kg Pilzen rechnen.

Kultur auf sterilisiertem Strohsubstrat

Bis vor einigen Jahren stellten Pilzanbauer das Substrat für die Austernpilz-Kultur auf viel mühsamere Weise her: Man mußte sich zuerst einmal Strohhäcksel besorgen. Das Häcksel wurde in einen Jutesack gesteckt und in einem

Austernpilze auf Strohsubstrat.

großen Einmachtopf oder Waschkessel 1 bis 2 Stunden gekocht, vor allem, um die Schimmelpilze abzutöten. Das abgetropfte und abgekühlte Substrat wurde mit Brut vermengt. Diese Mischung stopfte man in Plastiksäcke, die 3 bis 5 kg faßten. Mit einem Nagel wurden rund ein Dutzend Löcher in jeden Sack gebohrt (s. Abb. Seite 31).

Die Anwachsphase dauerte bei Temperaturen um 20°C etwa 2 bis 3 Wochen. Von den fest mit Myzel durchwachsenen Substratblöcken wurde dann die Folie entfernt oder man rollte den Sack zu 2/3 auf. Bei der weiteren Behandlung der Blöcke mußten dieselben Dinge beachtet werden wie bei der Austernpilz-Kultur auf Strohballen.

In der Versuchsanstalt für Pilzanbau der Landwirtschaftskammer Rheinland konnten neuerdings durch die Verwendung eines Substratgemisches aus Stroh und Sennesblättern bedeutend höhere Austernpilz-Erträge erzielt werden. Vielleicht gewinnt dieses Anbauverfahren auch bald für den Hobby-Kultivateur an Bedeutung.

Austernpilz-Fertigkulturen

Denjenigen Hobbygärtnern, die sich vorerst weder mit der Fermentation noch mit der Sterilisation des Strohs anfreunden können, kann geholfen werden: Einige Firmen bieten bereits Austernpilz-Fertigkulturen an. Auch hier sollte man erst einmal die Qualität prüfen und nachsehen, ob das Substrat wirklich gut von weißem Austernpilz-Myzel durchwachsen ist.

Sogar Halbfertig-Kulturen (s. Abb. Seite 33) erscheinen zunehmend im Handel. Man erhält gepreßtes Stroh und Pilzbrut. Oft werden Säcke mitgeliefert, denn das Trockensubstrat muß erst einmal fermentiert werden. Allerdings ist dies viel einfacher als bei den unhandlichen Strohballen. Das fermentierte und abgetropfte Substrat wird dann beimpft. Man kann damit z. B. ein Pilzbeet anlegen. Es gibt aber auch die Möglichkeit, das Substrat in die Fermentiersäcke, Obstkisten oder sonstige Behälter zu füllen. 4 Wochen später kann erstmals geerntet werden. Natürlich hat jede Art von Fertigkultur ihren Preis. Sie können aber einen guten und problemlosen Einstieg in die »Hohe Schule« des Pilzanbaus darstellen.

Anbau im Haus

Auf dem Balkon, in leeren Garagen, Kellern, Waschküchen, Hobbyräumen

Mit Halbfertigkulturen wird der Austernpilz-Anbau um vieles einfacher.

Austernpilz-Brut ist empfindlich und wird bei unsauberem Arbeiten leicht von Schimmelpilzen befallen.

und dergleichen können Austernpilze durchaus gezogen werden. Da die Fruchtkörper bei erhöhten CO_2-Konzentrationen deformiert wachsen, müssen die Räume aber gut zu lüften sein. Austernpilze brauchen auch Licht; ist es zu dunkel, bilden sich nur dünne, korallenartige Stiele ohne Hut. Außerdem sollte man vor dem Anbau im Haus bedenken, daß die Oberfläche des Austernpilz-Substrates sehr häufig befeuchtet werden muß. Es ist auch ratsam, die Räume gründlich zu reinigen, bevor man die Austernpilz-Kulturen darin aufstellt.

Manche Personen reagieren allergisch, wenn sie Austernpilz-Sporen eingeatmet haben. Als Symptome treten dabei leichtes Fieber, Müdigkeit, Gliederschmerzen und Husten auf. Wer zu Allergien oder Heuschnupfen neigt, sollte Austernpilze besser nicht in der Wohnung ziehen.

Austernpilze können im Haus sowohl auf präparierten Strohballen als auch auf sterilisiertem Substrat in Säkken oder Kisten gezogen werden. Selbst die meisten Fertigkulturen sind dafür geeignet. Bevor man sich für einen Austernpilz-Typ entscheidet, sollte aber überprüft werden, ob im Kulturraum wirklich die passenden Temperaturen herrschen.

Mißerfolge und ihre Ursachen

Auch bei Austernpilzen kann es zu einem völligen Mißerfolg führen, wenn der Strohballen zu naß gespickt wurde. Dauerregen verursacht ebenso Ausfälle, wenn der Ballen nicht entsprechend geschützt wird.

Findet man statt weißem Myzel grüne, rote oder gelbe Pilzfäden, haben sich Schimmelpilze eingenistet. Ursache kann unsauberes Arbeiten gewesen sein, krankes Stroh, eventuell wurde das Stroh auch nicht ordentlich fermentiert oder sterilisiert. Stark befallenes Substrat muß vernichtet werden (S. Abb. oben).

Auch bei der Austernpilz-Kultur auf Strohballen können wie bei den Braunkappen zuerst Tintlinge oder Becherlinge auftreten, das Austernpilz-Myzel setzt sich aber in der Regel durch.

Von Maden werden Austernpilze kaum befallen, solange man sie nicht überreif werden läßt. Große Gefahr droht aber von den Schnecken: Sie können über Nacht die kleinen Pilze spurlos verschwinden lassen. Der Austernpilz-Anbauer wundert sich dann, warum aus dem gut durchwachsenen Substrat einfach keine Pilze sprießen wollen. Gegen Schnecken helfen die

Übersicht Austernpilz-Anbau

1. Kultur auf präparierten Strohballen

Zeitpunkt der Anlage	Behandlung des Substrates	Beimpfung	Durchwachsphase	Ernte, Ertrag
Sommertyp von Mai bis Juni Wintertyp von Juli bis September Ganzjahrestyp von Frühjahr bis Herbst in geschlossenen Räumen ganzjährig	anaerobe Fermentation bei 20°C 2 Wochen, bei 15°C 3 Wochen	Ballen muß vorher 1 Tag abtropfen 1 l Brut pro Strohballen	Ballen in Folie einschlagen optimale Temperaturen 20 bis 25°C meist nach 3 bis 5 Wochen abgeschlossen Folie wieder entfernen	Fruchtkörperbildung in mehreren Wellen über 2 bis 3 Monate Sommertyp benötigt dazu 15 bis 25°C, Wintertyp 4 bis 15°C, Ganzjahrestyp 6 bis 28°C Ertrag 4 bis 5 kg je Strohballen

2. Kultur auf sterilisiertem Strohsubstrat

Zeitpunkt der Anlage	Behandlung des Substrates	Beimpfung	Durchwachsphase	Ernte, Ertrag
wie oben	Stroh-Häcksel wird 1 bis 2 Stunden sterilisiert Kauf von Halbfertig- und Fertigkulturen möglich	Abgetropftes und abgekühltes Substrat mit Brut mischen (3 bis 5 Gew.-%) in Säcke füllen	dauert bei 20°C 2 bis 3 Wochen, dann Säcke entfernen oder aufrollen	Temperaturen wie oben Ertrag etwa 15% des Substratgewichts

bereits bei der Braunkappen-Kultur beschriebenen Vorkehrungen.

Mäuse lieben Körnerbrut, vor allem aus frisch beimpften Strohballen holen sie sich die schmackhafte Brut gerne heraus. Man sollte gegebenenfalls rechtzeitig Mäusefallen aufstellen.

Bekommen in Räumen gezogene Austernpilze auffallend lange Stiele, liegt Luft- oder Lichtmangel vor, eventuell auch beides.

Verwendung, Lagerung, Konservierung

Beim Austernpilz schneidet man das zähe Stielende ab. Bei 2 bis 4 °C halten die Pilze im Kühlschrank etwa 1 Woche. Allerdings können sich die zarteren Fruchtkörper des Sommertyps nach einigen Tagen vom Rand her braun verfärben. Sie sind deswegen aber nicht verdorben. Im Kühlschrank bildet sich auf den Austernpilzen oft ein weißer Belag. Dies ist nicht etwa Schimmel, sondern Myzel; es beeinflußt den Geschmack keinesfalls negativ.

Die Stiele des Austernpilzes sind ziemlich dickfleischig und sollten deswegen feiner aufgeschnitten werden. Es ist auch möglich, die Stiele, die eine längere Garzeit als die Hüte haben, separat zuzubereiten. Austernpilze können wie Braunkappen problemlos tiefgefroren werden. Blanchieren ist nach neueren Erkenntnissen nicht nötig.

Austernpilze eignen sich zum Trocknen. Man schneidet sie in Scheiben und legt diese auf sauberes Papier oder zieht sie auf Bindfäden. Austernpilze lassen sich aber auch gut in Kochsalzlösung oder Essigsud konservieren.

Pilze auf Kompost

Mit der Braunkappe und dem Austernpilz haben wir zwei Pilzarten kennengelernt, die zu den sogenannten Primärzersetzern gehören. Diese können z. B. Stroh im unveränderten Zustand abbauen und daraus alle benötigten Nährstoffe beziehen. Für Folgezersetzer wie den Champignon muß das Nährsubstrat erst aufgeschlossen werden, z. B. durch eine Kompostierung.

Champignon

Der Kulturchampignon *(Agaricus bisporus)* ist weltweit der am meisten angebaute Pilz. Er kommt bei uns auch in der freien Natur vor und wächst auf fetten Böden, am Waldrand, in Gärten, gelegentlich auf verrottetem Pferdemist.

Für den Champignon-Anbau wurden bisher etwa 50 Kultursorten gezüchtet. Es gibt Sorten mit weißen, gelblichen, cremefarbigen oder braunen Hüten. Die dunkel gefärbten Varianten gelten als Ursprungsform des weißen Kulturchampignons. Seit einigen Jahren sind solche braun gefärbten Sorten unter der Bezeichnung »Brauner Egerling« auf dem Markt. Sie werden ebenfalls auf Kompost angebaut (s. Abb. Seite 38).

Aussehen

Die Hüte der weißen oder gelblichen Kultursorten erreichen einen Durchmesser von 5 bis 10 cm. Die Oberfläche des Hutes ist glatt, gelegentlich leicht schuppig. Bei jungen Fruchtkörpern trägt der Rand des Hutes eine flockige und gezähnte Membran. Stiel und Hutrand sind durch ein weißes Häutchen verbunden, das mit der Reife zerreißt.

Die Lamellen sind bei ganz jungen Pilzen noch weiß, färben sich dann rosa und später, ebenso wie die mikroskopisch kleinen Sporen, braun. Der weiße glatte, beringte Stiel kann 1 bis 2 cm dick und 3 bis 6 cm lang werden. Das feste Fleisch des Champignons ist weiß

Der weiße Kulturchampignon (Agaricus bisporus) wird wohl am häufigsten kultiviert.

und riecht angenehm aromatisch. Es kann auch roh verzehrt werden und schmeckt nußartig.

Die Hüte des Braunen Egerlings sind hell- bis dunkelbraun gefärbt und erreichen einen Durchmesser von 3 bis 8 cm. Die Oberfläche ist glatt oder leicht schuppig. Die Lamellen sind bei jungen Pilzen fleischrosa und werden später dunkelbraun. Die Stiele sind stets weiß, ebenso wie das Fleisch des Hutes. Es schmeckt vielleicht noch eine Idee aromatischer als das der weißen Kultursorten.

Ebenfalls kultivierbar ist der Stadt- oder Straßenchampignon *(Agaricus bitorquis)*. Er ähnelt den weißen Sorten des Kulturchampignons, wächst aber gedrungener. Sein Hut kann bis zu 15 cm Durchmesser erreichen. Vom Mai bis zum Herbst kommt er an grasigen Stellen vor, aber auch auf Schotterwegen. Oft durchbricht er sogar Asphaltdecken (s. Abb. oben).

Für sein Wachstum benötigt er höhere Temperaturen als der Kulturchampignon. Deswegen wird der Stadtchampignon vor allem in südlichen Ländern angebaut. In den heißen Sommermonaten gedeiht er aber auch bei uns ganz gut. Der Stadtchampignon ist widerstandsfähig gegen viele beim Kulturchampignon weit verbreitete Viruskrankheiten.

Geschichte

Schon die römischen Patrizier schätzten den Champignon als Leckerbissen. Kaiser Nero nannte ihn recht zweideutig eine »Götterspeise«: Schließlich hatte ihm seine Mutter Agrippina zum Thron verholfen, indem sie Kaiser Claudius mit einem Pilzgericht vergiftete. Römische Legionäre überzeugten dann die Gallier von der Schmackhaftigkeit des Champignons. In Frankreich schlug um 1630 die Geburtsstunde des heutigen Champignon-Anbaus:

Damals zogen Gärtner in und um Paris für Adel und Königshaus auf Mistbeeten Melonen heran. Auf den Beeten und besonders dort, wo sich der schon fast abgetragene Dünger mit Erde vermischte, wuchsen immer wieder Champignons. Bald hatten die findigen Gärtner einen Weg zum Anbau der Champignons entdeckt. Sie »impften« ihre Beete, indem sie das Waschwasser von Champignons darübergossen. Darin befanden sich nicht nur Sporen, sondern auch Myzel und Pilzstücke.

Ludwig XIV. (1638–1715) schätzte den Champignon sehr. Von seiner Tafel

Links: Der Braune Egerling gilt als Ursprungsform des weißen Kulturchampignons.

Rechts: Der Stadtchampignon (Agaricus bitorquis) durchbricht sogar Asphaltdecken.

ging der Pilz auch in die europäische Küche über. Bis zum Ende des 18. Jahrhunderts wurden nun die Champignons auf Bodenbeeten im Freien gezogen. Dann entdeckte man, daß diese Pilze ganz ohne Licht wachsen und gedeihen können. So wurden ab 1810 in den zahlreichen Kellern, Höhlen und Stollen in und um Paris auf Hügelbeeten schon beachtliche Mengen des »Champignon de Paris« kultiviert. Die Kenntnisse über den Anbau verbreiteten sich nach und nach in fast alle Länder.

Mitte des 19. Jahrhunderts zog man in Deutschland Champignons bereits auf Stellagen in speziellen Kulturhäusern. Im Winter wurden diese beheizt, dadurch war eine ganzjährige Produktion möglich. Auch die Impfmethode hatte sich inzwischen weiterentwickelt. Man verstand sich bereits darauf, Champignonsporen zum Keimen zu bringen und beimpfte mit dem so gewonnenen Myzel sogenannte »Brutsteine«. Diese bestanden aus einer Mischung von Pferdemist, Rindermist und Lauberde. Aus den durchwachsenen Brutsteinen wurden dann walnußgroße Stücke gebrochen und zum Impfen verwendet.

Anfang des 20. Jahrhunderts befaßte sich die Wissenschaft intensiv mit dem Champignon-Anbau. In den 30er Jahren wurde die immer noch gebräuchliche Körnerbrut erstmals hergestellt und die Kenntnisse über die optimalen Kulturbedingungen nahmen gewaltig zu. Heute kultivieren Spezialbetriebe Champignons in klimatisierten Räumen. Hobbyanbauer werden wohl kaum einen so großen Aufwand treiben wollen. Liebhaber können den Champignon in Haus und Garten viel einfacher nach den altüberlieferten Anbaumethoden ziehen.

In Zuchtchampignons wurden nur geringe Cadmium- und Quecksilberwerte gefunden, im Gegensatz zu den wildwachsenden Arten, die wegen ihres hohen Schwermetallgehaltes schon öfter für Schlagzeilen sorgten. Deswegen bauen jetzt zahlreiche vormals passionierte Pilzsucher ihre Champignons lieber selbst an.

Anbau im Garten

Schon im 17. Jahrhundert wurden Champignons im Freien ähnlich wie Gurken und Melonen auf Hügelbeeten gezogen. Auch heute können Champignons im Garten nach einem nur wenig abgewandelten Verfahren angebaut werden. Ideal sind feuchte, schattige Standorte. Man kann seine Kultur unter Bäumen und Hecken oder an der Nordwand von Gebäuden anlegen. In Spargelanbaugebieten wird oft auf der Nordseite von Spargelbeeten Champignon-Substrat ausgebracht und beimpft. Es ist empfehlenswert, die Freilandkulturen durch ein einfaches Schutzdach vor Dauerregen zu schützen.

Die hell und dunkel gefärbten Varianten des Kulturchampignons stellen alle recht ähnliche Ansprüche an die Temperaturen: Zum Anwachsen sind 20 bis 24 °C ideal, während der Erntephase aber nur 16 bis 18 °C. In den heißen Sommermonaten werden also keine Fruchtkörper gebildet. Deswegen legt man Freiland-Champignon-Kulturen am besten nur von April bis Mai oder im August an. Die Ernte läuft bis Mitte November, dann werden die Beete abgeräumt. Im 17. Jahrhundert begann man nur im August mit den Kulturen und versuchte das Myzel mit wechselndem Erfolg heil durch den Winter zu bringen, indem man im November die Hügelbeete mit einer dicken Schicht frischen Mistes abdeckte.

Für manche Hobbyanbauer könnte es auch interessant sein, während der heißen Sommermonate den Stadtchampignon anzubauen. Zum Anwachsen braucht er Temperaturen von 27 bis 30 °C, zur Fruchtkörperbildung etwa 20 °C. Er kann auf dem gleichen Substrat gezogen werden wie der Kulturchampignon. Seine Ansprüche weichen nur in Kleinigkeiten von denen des Zuchtchampignons ab; auf sie wird später noch kurz eingegangen. Brut des Stadtchampignons ist nur in wenigen Spezialbetrieben erhältlich.

Herstellung des Champignon-Substrates. Der wichtigste Grundstoff für Champignon-Substrat ist auch heute noch Pferdemist. Ideal ist Dung, für den Weizen- oder Roggenstroh als Einstreu verwendet wurde. Er sollte so frisch wie möglich, jedenfalls nicht älter als 4 Wochen sein (s. Abb. Seite 41).

Allerdings enthält der Pferdemist allein zuwenig Stickstoff, um eine wirklich gute Champignon-Ernte hervorzubringen. Deswegen wird ihm Hühnerkot, Stickstoffdünger oder ähnliches zugesetzt. Für den Hobbygärtner empfiehlt sich folgendes Rezept: Man mischt unter den Pferdemist ungefähr 10 Gewichtsprozente (Gew.-%) getrockneten Hühnerkot. Schon der eigenen Nase zuliebe sollte man wirklich getrockneten Kot verwenden; außerdem läßt er sich gleichmäßiger beimischen. Ist kein Hühnerkot erhältlich, nimmt man stattdessen etwa 7 Gew.-% schwefelsaures Ammoniak, das im Landhandel zu bekommen ist.

Die darin enthaltene Schwefelsäure muß aber durch Zugabe von Futterkalk gebunden werden. Man braucht je m^3 Substrat etwa 3 kg Kalk. Außerdem sollte je m^3 auch 10 kg Gips zugemischt werden, der sich auf Säuregrad und Struktur der Nährgrundlage positiv auswirkt. Damit die Fermentation des Pferdemistes wirklich ordentlich in Gang kommt, muß man aber mindestens einen Haufen von anderthalb Kubikmetern aufsetzen.

Viele Hobbypilzanbauer brauchen nun keine so große Menge an Substrat, zeigen keine Lust zu der nicht gerade sauberen Arbeit des Aufsetzens oder sie haben gar keinen Garten, in dem sie einen Haufen aufschichten könnten. Für solche Fälle bieten zahlreiche Firmen Champignon-Fertigsubstrat an.

Wer aber den Champignon-Anbau von A bis Z durchprobieren und eventuell mit anderen Hobbygärtnern Substrat selbst herstellen will, bekommt hier weitere Angaben: Der Haufen soll während der Fermentation nicht in der prallen Sonne stehen, deswegen sucht man sich einen schattigen Platz im Garten aus. Ideal wäre eine betonierte Fläche, man kann den Haufen aber auch auf einem großen Stück Plastikfolie anlegen. Günstig wäre ein Wasseranschluß in der Nähe, da die einzelnen Schichten jeweils gründlich befeuchtet werden müssen.

Die Haufen muß man etwa 1,50 m hoch aufschichten. Damit die Fermen-

Herstellung des Champignon-Substrats.

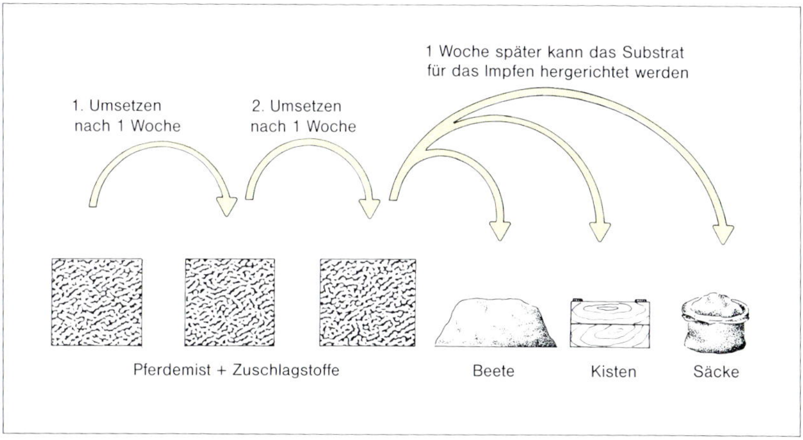

tation aber ordentlich in Gang kommt, brauchen wir ein Volumen von mindestens 1,5 m^3. Der kleinstmögliche Haufen hat also Maße von etwa 1 m × 1 m × 1,5 m. Dafür benötigen wir ungefähr 600 kg Pferdemist, 60 kg getrockneten Hühnerkot (ersatzweise 42 kg schwefelsaures Ammoniak und 4,5 kg Kalk) und 15 kg Gips.

Werden größere Substratmengen gebraucht, kann ein selbstgebastelter Rahmen, der etwa 1 m breit, 1,5 m lang und 30 cm hoch ist, beim Aufsetzen sehr hilfreich sein. Ein Haufen mit den Maßen 1 m × 1,5 m × 1,5 m (2,25 m^3) wiegt etwa 1 t. Man benötigt für ihn ungefähr 900 kg Pferdemist, 90 kg getrockneten Hühnerkot (ersatzweise 63 kg schwefelsaures Ammoniak und 7 kg Kalk) und 22,5 kg Gips.

Schichtung, Umsetzen. Der frische Pferdemist wird zunächst einmal mit der Gabel aufgeschüttelt, die Zuschlagstoffe zugegeben und gründlich durchgemischt. Die erste Lage soll nun rund 1 m breit und etwa 30 cm hoch aufgeschichtet werden. Die Länge des Haufens richtet sich nach der vorhandenen Dungmenge, sie sollte aber mindestens 1 m betragen. Die 1. Lage wird nun leicht mit Wasser überbraust. Darauf kommt die nächste Lage in gleicher Stärke, die wie die folgenden ebenfalls befeuchtet wird. Sobald aber Wasser unten vom Haufen herausfließt, sollte man jeweils sofort mit dem Gießen aufhören, weil sonst zu viele Nährstoffe ausgeschwemmt werden können. Die 3. Lage tritt man am besten fest, dadurch kommt die Fermentation schneller in Gang. Nachdem der Haufen etwa 1,5 m Höhe erreicht hat, sollte man auch die letzte Lage noch einmal niedertreten und dazu die Seitenwände mit der Mistgabel festklopfen.

In den nächsten Tagen setzt die Fermentation ein und im Innern des Haufens steigt dadurch die Temperatur bis auf etwa 80 °C an. Dafür sorgen vor allem im Dung enthaltene Kleinlebewesen, die einzelne Bestandteile des Substrates abbauen und dabei Wärme freisetzen. Andere Stoffe wiederum werden soweit umgewandelt, daß sie vom Champignon-Myzel als Nährstoffquelle genutzt werden können. Daneben laufen auch biochemische Reaktionen ab. Weitere Einzelheiten über diesen Fermentationsprozeß sind in einschlägigen Fachbüchern nachzulesen. Dort kann man auch noch erfahren, wie auf der Basis von Stroh und Heu, Sägemehl oder Maiskolben durch Zugabe von verschiedenen Zuschlagstoffen ebenfalls brauchbare Substrate für den Champignon-Anbau hergestellt werden können.

Damit die Fermentation der Dungmischung aber ordentlich abläuft, müssen nicht nur Temperatur und Feuchtigkeit im Haufen stimmen. Die Kleinlebewesen brauchen für ihre Tätigkeit auch genügend Sauerstoff. Deswegen muß der Haufen nach etwa einer Woche erstmals umgesetzt werden. Man reißt ihn auseinander, lockert das Substrat und setzt einen neuen Haufen auf. Dabei sollten nun die vorher außen liegenden Schichten möglichst ins Innere kommen. Auch beim 2. Aufsetzen wird jede Lage gewässert und der Haufen festgetreten.

In der frisch durchlüfteten Dungmischung setzt nun erneut die Fermentation ein. Nach 1 Woche muß sie ein 2. Mal umgesetzt werden. Man nimmt sie auseinander, mischt das Substrat gut durch und befeuchtet nur noch die trokkengebrannten Stellen. Dann wird zum 3. Mal ein Haufen aufgeschichtet.

Nach wiederum etwa 1 Woche ist die Fermentation in der Regel beendet. Das fertige Champignon-Substrat ist dunkelbraun, riecht angenehm süßlich und das darin enthaltene Stroh ist mürbe geworden. Falls das Substrat aber noch stechend nach Ammoniak riechen sollte, muß noch weiter fermentiert werden. Ammoniak beeinflußt das Myzelwachstum des Champignons nämlich ungünstig, besonders empfindlich ist hier der Stadtchampignon.

Sobald der Ammoniak-Geruch verschwunden ist, kann der Hobbypilzanbauer sein Substrat zum Impfen vorbereiten. Erwerbsanbauer pasteurisieren das Substrat nach der Fermentation noch in speziell ausgestatteten Räumen. Dadurch kann ein höherer Ertrag erzielt werden. Für den Hobbygärtner lohnen sich aber die Ausgaben für solche Einrichtungen nicht.

Ausbringen des Substrates. Im Hausgarten können nun mit dem fertigen Substrat etwa 80 cm breite Bodenbeete angelegt werden. Früher verwendete man häufig Holzwannen, um möglichst gleichmäßige Hügelbeete aufzuschichten: Die Wannen waren unten 20 cm breit und weiteten sich nach oben, wo sie 40 bis 50 cm maßen. Die Tiefe betrug 20 bis 30 cm, die Länge etwa 1 m. An den Enden der Wanne waren jeweils Tragegriffe angebracht. Man füllte die Wanne mit Substrat, trug es an den endgültigen Standort für die Champignon-Kultur und kippte es dort auf die Erde. Auf diese Weise wurden oft lange Beetreihen angelegt, bis zu 3 von ihnen lagen direkt nebeneinander, dann wurde ein 50 cm breiter Pflückgang freigelassen (s. Abb. Seite 43).

Holzwanne zur Herstellung von Champignon-Beeten.

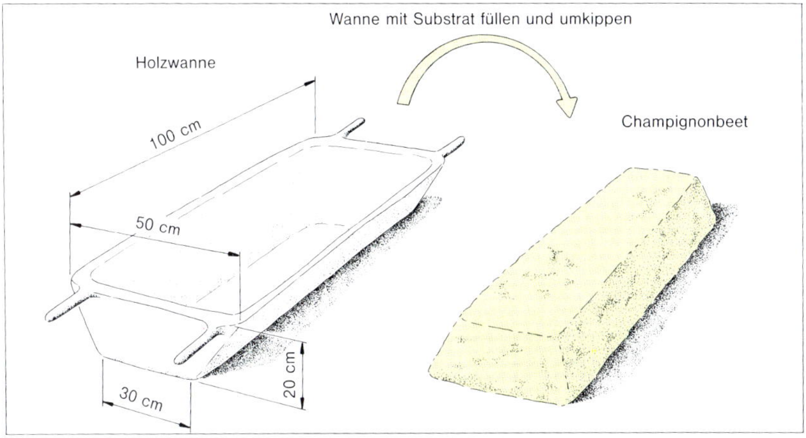

Auch die Nordseite von vorhandenen Spargelbeeten kann mit Substrat bedeckt werden und selbst für mit Substrat gefüllte Kisten oder Plastiksäcke findet sich im Garten oft ein geeigneter Platz. Die Substratschicht muß aber jeweils mindestens 20 cm hoch zu liegen kommen.

Verwendet man Holzkisten, ist darauf zu achten, daß sie möglichst unbehandelt sind. Vor etlichen Jahren fand man nämlich in einigen Proben frischer Zuchtchampignons Gehalte des Holzschutzmittels Pentachlorphenol (PCP), die über der zulässigen Höchstmenge lagen. Das PCP hatten die Pilze aus den Holzkisten aufgenommen. PCP ist zum Glück gerade verboten worden, aber auch bei anderen Holzschutzmitteln sollte man vorsichtig sein.

Für den Champignon-Anbau werden oft Plastiksäcke mit breitem Boden verwendet. Die Substratblöcke sollten darin einen Durchmesser von 30 bis 40 cm erreichen und ebenfalls mindestens 20 cm hoch werden. Aber auch große Säcke ohne breiten Boden sind zur Kultur geeignet. Man füllt sie mit Substrat und legt sie mit der flachen Seite auf den Boden. Nach Abschluß der Anwachsphase wird die Folie so aufgeschnitten, daß die Oberfläche des Substrats freiliegt (s. Abb. Seite 44).

Beimpfung. Hat man das Substrat nun in Beete, Kisten oder Säcke ausgebracht, soll es erst einmal einige Tage ruhen. Dann wird mit einem Thermometer die Temperatur im Inneren des Substrates kontrolliert. Erst wenn sie dort unter 25 °C gesunken ist, darf man mit Brut des Kulturchampignons impfen. Für den Stadtchampignon genügt es, die Temperatur auf 27 °C fallen zu lassen.

Champignon-Brut wird heute fast nur noch als Körnerbrut angeboten. Für den Hobbypilzanbauer ist es egal, ob er Brut auf Weizen-, Roggen- oder Hirse-

Champignon-Kultur in Foliensäcken.

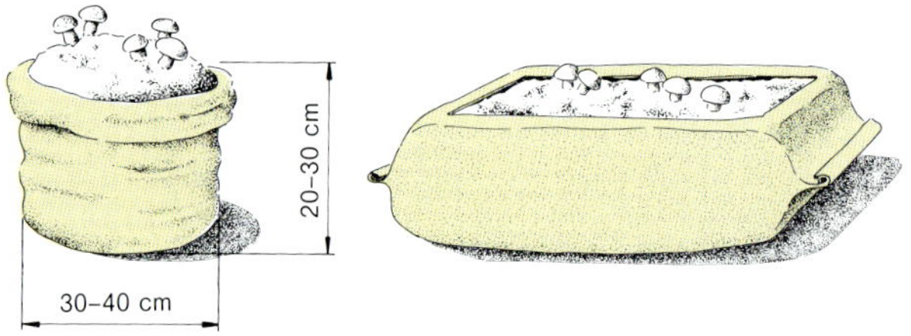

basis kauft. Bei vielen Brutherstellern kann man zwischen verschiedenen Sorten wählen. Einige davon eignen sich besonders für den Anbau im Garten, andere besser für die Sackkultur. Der Fachhandel kann auch hierüber Auskunft geben.

Die Brut der einzelnen Champignon-Sorten ist ganz unterschiedlich lagerfähig. Die von Braunen Egerlingen kann im Kühlschrank nur wenige Wochen haltbar sein, während die von weißen Sorten oft Monate unverändert übersteht. Vorsichtshalber sollte man vor allem zur wärmeren Jahreszeit die Brut erst kurz vor dem Impfen liefern lassen und sofort verwenden – nicht ohne vorher ihre Qualität überprüft zu haben.

Pro m^2 Beetfläche braucht man 500 bis 1000 g bzw. 0,75 bis 1,5 l Brut. Je mehr Brut verwendet wird, desto schneller durchwächst das Champignon-Myzel das Substrat. Schaderreger haben dadurch weniger Chancen, sich in der Nährgrundlage auszubreiten. Bei der Sackkultur wird ungefähr 1 Gewichtsprozent Brut untergemischt.

Wichtig ist jeweils, die Brut sehr gleichmäßig im Substrat zu verteilen, damit sie dieses möglichst rasch durchspinnen kann. Bei der Beetkultur wird die Brut in die oberen 5 cm des Substrats eingeharkt.

Anwachsphase. Am schnellsten wächst das Myzel, wenn im Substrat Temperaturen von 20 bis 24 °C beim Kulturchampignon bzw. von 27 °C beim Stadtchampignon und eine hohe relative Luftfeuchtigkeit herrschen. Auch der Luftaustausch muß gewährleistet sein. Bei idealen Bedingungen ist das Substrat in 2 bis 3 Wochen vom Myzel durchwachsen. Gerade beim Anbau in Beeten im Garten kann man aber die Außentemperaturen kaum beeinflussen. Ist es kühler, wird die Anwachsphase entsprechend länger dauern. Kisten und Säcke aber können zum Durch-

Das Myzel des Kulturchampignons ist durch die Deckerde gewachsen.

wachsen in Räumen mit der idealen Temperatur aufgestellt und erst danach an ihren Platz im Garten gebracht werden.

Eine optimale Luftfeuchtigkeit läßt sich aber mit einfachen Mitteln erreichen: So werden Kisten und Beete mit gelochter Plastikfolie, Zeitungspapier, Jutesäcken oder Strohmatten abgedeckt. Die letzten 3 Materialien müssen aber regelmäßig befeuchtet werden. Plastiksäcke bindet man nach dem Beimpfen zu und bohrt etwa 1 Dutzend Luftlöcher in die Folie.

Das Substrat darf aber auch nicht zu heiß werden. Temperaturen um 35 °C überlebt das Myzel nur für einige Stunden. Sobald die Temperatur im Substrat 26 °C erreicht, sollte man bereits für Kühlung sorgen, also Folienabdeckungen entfernen und Substratsäcke öffnen.

Aus dem gleichen Grund legt man Freiland-Kulturen des Champignons besser nicht in den heißen Sommermonaten an. In Foliensäcken ist die Substrattemperatur generell etwas höher. Deswegen eignen sie sich besonders für den Champignon-Anbau während der kühleren Jahreszeiten.

Sobald das Substrat gleichmäßig von weißem Myzel durchwachsen ist, wird bei Kisten und Beeten die Abdeckung entfernt, Foliensäcke werden geöffnet. Säcke mit breitem Boden bleiben weiter aufrecht stehen, man rollt die Folie aber bis zur Substratoberfläche auf. Bei flachen Säcken wird die Oberseite der Folie aufgeschnitten und entfernt.

Deckerde. Das Substrat muß nun mit einer etwa 5 cm dicken feuchten Erdschicht abgedeckt werden. Ohne Deckerde würden kaum Champignons wachsen. Warum das so ist, konnte bis heute nicht eindeutig ergründet werden. Man weiß aber, welche Eigenschaften für diese Deckerde wichtig sind: Sie muß eine gute Wasserhaltekraft besitzen, gleichzeitig aber auch den Gasaustausch zwischen dem Substrat und der Raumluft gewährleisten. Der ideale pH-Wert liegt zwischen 6,5 und 7,5.

Der Hobbypilzanbauer kann sich aus 1 Teil Gartenerde und 1 Teil Torf selbst Deckerde mischen. Um einen geeigneten pH-Wert zu erreichen, muß oft kohlensaurer Kalk oder Kalkmergel zugegeben werden. Der pH-Wert einer Erde ist relativ einfach zu messen: Man braucht dazu pH-Papier aus der Chemikalienhandlung und destilliertes Wasser, das oft schon für die Autobatterie oder fürs Dampfbügeleisen im Hause ist. Dann gibt man eine Handvoll der Deckerde in ein Glas und füllt mit destilliertem Wasser auf. Das Ganze wird kräftig umgeschüttelt und dann stehengelassen, bis sich die Erde wieder am Boden des Glases abgesetzt hat. Nun reißt man ein Stück pH-Papier ab und taucht es ins Wasser. Die Verfärbung des Papiers vergleicht man mit der ihm beigefügten Farbskala. Ist der pH-Wert niedriger als 6,5, muß der Deckerde noch Kalk untergemischt werden. Liegt er über 7,5, gibt man ihr noch Torf zu.

Eine Mischung aus Lehm und Sand liefert ebenfalls eine brauchbare Deckerde. Sie besitzt in der Regel auch einen günstigen pH-Wert. Die Deckerde sollte aber unbedingt frei von Krankheiten und Schädlingen sein. Am sichersten ist dies gewährleistet, wenn man die Dekkerde aus Torf herstellt. Geeignet sind sowohl Schwarz- als auch Weißtorf, allerdings nur ungedüngt. Um einen günstigen pH-Wert zu erreichen, muß man ihnen etwa 5 Volumenprozent (% vol) Kalkmergel untermischen.

Die Deckerde sollte schon vor dem Aufbringen befeuchtet werden. Drückt man eine Handvoll davon zusammen und bildet die Erde dann einen Klumpen, ohne daß dabei allzuviele Tropfen austreten, so ist der Wassergehalt genau richtig. Die Deckerde muß auch so gleichmäßig wie möglich aufgetragen werden, weil sonst die Champignons ungleichmäßig wachsen. Eventuell ist es nötig, vorher noch die Oberfläche des Substrats glattzudrücken. Die Deckerde darf nun nicht mehr austrokknen. Bei der Kultur im Garten deckt man sie am besten mit Jutesäcken ab, die feuchtgehalten werden. In geschlossenen Räumen genügt es meist, wenn man von Zeit zu Zeit mit der Handprobe den Wassergehalt der Deckerde feststellt und nötigenfalls gießt. Es sollte aber stets eine feinporige Brause verwendet werden, damit die Erde nicht verschlämmt.

Bei Temperaturen um 20°C (beim Stadtchampignon um 25°C) werden nach etwa 10 Tagen (beim Stadtchampignon nach 14 Tagen) weiße Flecken auf der Oberfläche erscheinen: Das Myzel ist durch die Deckerde gewachsen (s. Abb. Seite 45). Mit einer Drahtbürste oder einem Rechen muß nun die ganze Deckerdeschicht »verkratzt« werden. Dabei zerreißt das Myzel und es verteilt sich gleichmäßiger in der Deckerde. Nach ein paar Tagen ist es wieder zusammengewachsen. Durch diese Maßnahme werden die Champignons in gleichmäßigeren Erntewellen heranwachsen. Spätestens 2 Tage nach dem Verkratzen muß die Abdeckung endgültig entfernt werden, die Kultur braucht nun viel Luft. Die Durchwachsphase ist jetzt abgeschlossen und man kann Kisten und Säcke an ihren endgültigen Standort bringen.

Ernte, Ertrag. Etwa 3 bis 4 Wochen nach dem Aufbringen der Deckerde werden die ersten Fruchtkörper gebildet, vorausgesetzt, es herrschen dafür geeignete Temperaturen. Beim Kulturchampignon sind dies nur noch 16 bis 18°C, beim Stadtchampignon 24°C. Die Deckerde muß auch während der Erntephase feuchtgehalten werden. Dicht unter der Oberfläche bilden sich an den weißen Myzelfäden bald kleine Knoten, aus denen sich im Laufe einiger Tage Fruchtkörper entwickeln. Nun vertragen aber kleine Champignons das Gießen schlecht, solange sie Erbsengrö-

Bei erhöhten CO_2-Konzentrationen bildet der Champignon lange Stiele.

ße noch nicht erreicht haben. Am besten überbraust man deswegen die Deckerde gleich wenn die Abdeckung entfernt wird. Sie darf so lange nicht austrocknen, bis die meisten Champignons die kritische Größe erreicht haben und wieder ohne Gefahr gegossen werden kann. Man sollte zu diesem Zweck aber stets eine feinporige Brause verwenden.

Champignons sind erntereif, sobald das Häutchen an der Hutunterseite aufreißt. Man dreht die Pilze vorsichtig aus dem Substrat heraus. Champignons bilden ihre Fruchtkörper in mehreren Wellen, wovon die erste meist den höchsten Ertrag liefert. Nach jeder Erntewelle sollte man die kranken und auch alle kleinen abgestorbenen Pilze entfernen.

Die Deckerde ist nach einer Erntewelle in der Regel zu trocken. Die Feuchtigkeit wurde ja von den Champignons aufgenommen, die bei der Ernte einen Wassergehalt von etwa 90 % aufweisen. Dieser Verlust muß nun ausgeglichen werden, indem man je Gramm geernteter Fruchtkörper 1 g Wasser nachgießt. Es sollte aber auf einmal nie mehr als 1 l/m² (bzw. 1/2 l je Sack) gegeben werden, damit die Deckerde nicht verschlämmt.

Nach etwa 6 bis 7 Erntewellen wird der Ertrag soweit zurückgehen, daß es sich nicht mehr lohnt, die Champignon-Kultur weiterzuführen. Das abgeerntete Substrat ergibt aber noch einen guten Dünger für den Obst- oder Gemüsegarten. Insgesamt kann mit einem Ertrag von 10 bis 15 % (beim Braunen Egerling 10 bis 12 %) des Substratgewichts gerechnet werden.

Anbau im Haus

Es ist jederzeit möglich, den Kulturchampignon in Räumen anzubauen, sofern deren Temperatur weniger als 20 °C, mindestens aber 12 °C beträgt. In kühlen Kellern und Stollen kann man Champignons meist das ganze Jahr über ziehen, in Hobbyräumen, Waschküchen, Ställen, Scheunen und Gewächshäusern jedoch werden in den heißen Sommermonaten kaum Ernten zu erzielen sein.

Champignons benötigen für ein gesundes Wachstum zwar kein Licht, aber Frischluft. Ähnlich wie der Austernpilz reagiert der Champignon auf erhöhte CO_2-Konzentrationen empfindlich und bildet unproportioniert lange Stiele. Ist dies der Fall, muß der Luftwechsel unbedingt verstärkt werden. Dieses Problem tritt beim Anbau im Garten nicht auf (s. Abb. unten).

Früher baute man Champignons auf Hügel- oder Bodenbeeten in Kellern

Champignon-Kultur auf Bodenbeeten im Keller.

und Stollen an (s. Abb. oben). Heute kultiviert man sie meist in Stellagen, Kisten oder Säcken. Für Räume, in denen nur 12 bis 16 °C herrschen, eignet sich die Sackkultur besonders gut. Bei Temperaturen über 16 °C könnte sich das Substrat in der Folie bereits so weit erhitzen, daß der Ertrag merklich unter der Norm bleibt.

Um den vorhandenen Platz möglichst gut zu nutzen, werden Säcke oft in Doppelreihen aufgestellt, dazwischen aber Erntegänge gelassen. Kultiviert man in Kisten, können diese auch schachbrettartig aufeinandergestapelt werden. Sobald ein Raum mit Champignon-Substrat vollgestellt ist, reicht ein Fenster für die Belüftung meist nicht mehr aus. Dann muß ein Ventilator angeschafft werden.

Ansonsten gilt für die Durchführung der Champignon-Kultur in Räumen das bereits für den Anbau im Garten Gesagte. Im Haus hat man aber eher die Möglichkeit, die jeweils idealen Temperaturen einzustellen: Während der Durchwachsphase kann geheizt, in der Erntephase durch Befeuchten des Fußbodens gekühlt werden. Der Stadtchampignon wird bei uns wegen seiner hohen Temperaturansprüche nur selten in Räumen angebaut.

Champignon-Fertigsubstrat und -Fertigkulturen

Einige Firmen liefern inzwischen auch an Hobbypilzanbauer Fertigsubstrat, zahlreiche Champignonanbauer geben es zumindest an Selbstabholer ab. Oft kann man dort gleich die Deckerde dazu kaufen.

Fertigsubstrat ist ideal für Hobbygärtner, die sich noch nicht zutrauen, selbst Substrat herzustellen, nur kleine Mengen davon benötigen oder überhaupt keinen geeigneten Ort für die Fermentation des Substrates besitzen. Darüberhinaus kann man von Fertigsubstrat, das in Spezialbetrieben auch der aufwendigen 2. Phase der Fermentation unterzogen wurde, einen höheren Ertrag erwarten als vom Substrat Marke Eigenbau: Unter günstigen Kulturbedingungen durchaus 20 bis 25% bezogen auf das Substratgewicht.

Man hat nun einmal die Möglichkeit, unbeimpftes oder frisch beimpftes Substrat zu erwerben und damit wie beschrieben zu Hause die Kultur anzulegen. Dann werden auch Fertigkulturen angeboten, deren Substrat bereits durchwachsen ist. Aus hygienischen Gründen füllt man dieses nicht mehr um, sondern führt die Kultur in den Säcken oder Styropor-Kisten durch, in denen sie angeboten werden. Falls die Fertigkultur von Schimmelpilzen oder Trauermücken befallen ist, sollte man unverzüglich reklamieren. Zu Hause trägt man als erstes die meist mitgelieferte Deckerde auf. Auch Fertigkulturen müssen dann wie jede Champignon-Kultur in der bereits beschriebenen Weise weiter betreut werden. Zum Befeuchten eignen sich hier Pflanzensprüher besonders gut.

Mißerfolge und ihre Ursachen

Will das Champignon-Myzel nicht ordentlich wachsen, obwohl die Brut in Ordnung war, gibt es dafür vor allem zwei Gründe: Entweder enthielt das Substrat noch Ammoniak oder die Temperatur stieg während der Anwachsphase auf über 35 °C. Findet man im Inneren der Kulturen schwarzes Substrat, deutet dies auf Hitzeschäden hin. Sie können auch bei Fertigkulturen auftreten, die unsachgemäß gelagert wurden oder während der Lieferung zu hohen Temperaturen ausgesetzt waren.

Wird die Temperatur zur Zeit der Fruchtkörperbildung nicht ausreichend gesenkt, kann das Champignon-Myzel auf die Oberfläche der Deckerde hinaufwachsen. Dort breitet es sich watteartig aus. Diese Flauschbildung beeinflußt den Ertrag negativ. Der ausgewachsene Myzelbelag muß entfernt werden. Gleichzeitig sollte man der Ursache der Flauschbildung zu Leibe rücken, also die Temperatur auf mindestens 18 °C senken.

Mangelnde Belüftung und die dadurch steigende CO_2-Konzentration verursachen beim Champignon die Bildung langer Stiele. Stehen während der ersten Erntewellen die Pilze dicht an dicht, kann sich aber trotz optimaler Belüftung im Inneren der Büschel CO_2 ansammeln und dadurch Langstieligkeit auftreten.

Beim Champignon, der nun schon über 250 Jahre angebaut wird, sind leider zahlreiche Krankheiten bekannt, die von Viren, Bakterien oder Pilzen hervorgerufen werden. Auch Viren können an Kulturchampignons Langstieligkeit verursachen. Die Stiele befallener Fruchtkörper sind leicht gebogen, weich und wäßrig, oft auch bräunlich gestreift. Es gibt keine anerkannten Mittel, um den Virusbefall zu bekämpfen. Nachdem sich Viren durch die Sporen kranker Fruchtkörper ausbreiten, muß unbedingt verhindert werden, daß die befallenen Pilze ihre Sporen abwerfen. Am besten steckt man sie in Plastikbeutel und vernichtet sie. Der Stadtchampignon ist gegen Virosen immun.

Bakterien verursachen oft dunkle Flecken auf den Hüten. Man kann dem vorbeugen, indem nach jedem Gießen ordentlich belüftet wird, damit die Fruchtkörper rasch wieder abtrocknen. Schuppige Hüte sind dagegen ein Zeichen dafür, daß bei zu geringer Luftfeuchtigkeit zu stark gelüftet wurde.

In Champignon-Kulturen können verschiedene Tintlings-Arten auftreten. Sie richten kaum nennenswerten Schaden an, sind aber eventuell ein Hinweis, daß das Substrat ungenügend fermentiert oder zu naß gehalten wurde. Gefährlicher sind Pilzkrankheiten wie Weichfäule, Grauschimmel oder Grüner Schimmel. Einem Befall kann durch äußerste Sauberkeit vorgebeugt werden: Pflücken sollte man die Pilze nur mit frisch gewaschenen Händen und die Kulturräume stets mit gereinigten Schuhen betreten. Die Beete müssen nach dem Ernten gesäubert und kranke Pilze, Pilzabfälle und Stielreste entfernt werden. Zu hohe Temperatur und Feuchtigkeit fördern Pilzkrankheiten.

Kulturen des Stadtchampignons werden häufig von der falschen Trüffelkrankheit befallen. Die Fruchtkörper dieses Schadpilzes sind gelbe bis braune gehirnartige Gebilde. Infizierte Kulturen verbreiten einen süßlichen Geruch. Bei Temperaturen unter 16 °C wird das Myzelwachstum des Schaderregers gehemmt. Befallenes Substrat soll man großzügig ausheben und vernichten.

Champignons werden auch gerne von Älchen, Milben, Springschwänzen, Fliegen und Mücken befallen. Besonders in Räumen können sich Pilzfliegen zur Plage entwickeln. Es gibt kaum zugelassene Schädlingsbekämpfungsmittel für den Champignon-Anbau. Ihr Einsatz wäre für den Hobbypilzzüchter auch zu teuer. Um einem Befall vorzubeugen, sollte man die Champignons nie überreif werden und keine Pilzteile auf der Kultur liegen lassen. Bei niedrigen Temperaturen verlangsamt sich die Entwicklung der Schädlinge wesentlich.

In ungepflegten Altbauten können sich auch Ratten und Mäuse an den Champignons gütlich tun. Bei Freilandkulturen muß man vor allem dem Befall durch Schnecken vorbeugen. Weitere Einzelheiten über Krankheiten und Schädlinge im Champignon-Anbau können in den einschlägigen Fachbüchern nachgelesen werden.

Verwendung, Lagerung, Konservierung

Bei den frisch geernteten Champignons entfernt man das verschmutzte Stielende. Weiße Champignons sind im Kühlschrank nur maximal 4 Tage lagerfähig, weil sie sich dann braun färben. Der Braune Egerling hält sich entsprechend länger, etwa 6 Tage. Man kann Champignons jederzeit tiefgefrieren, sollte sie dann aber nur unaufgetaut verarbeiten, weil sie sich sonst braun bis schwarz verfärben. Champignons eignen sich zum Trocknen, am häufigsten jedoch werden sie in Kochsalzlösung oder Essigsud konserviert.

Übersicht Champignon-Anbau

1. Kulturchampignon einschließlich Brauner Egerling

Zeitpunkt der Anlage	Behandlung des Substrates	Beimpfung	Durchwachsphase	Ernte, Ertrag
im Freiland April bis Mai und August, in Räumen ganzjährig	Pferdemist wird mit einigen Zuschlagstoffen 2 bis 3 Wochen kompostiert Kauf von Fertigsubstrat und Fertigkulturen möglich	Substrat in Kisten füllen oder Beete anlegen, ausreichend abkühlen lassen etwa 1 l (700 g) Körnerbrut/m^2 Beetfläche, bzw. 1 Gew.-% bei Sackkultur	optimale Temperatur 20 bis 24 °C hohe Luftfeuchtigkeit nötig nach 2 bis 3 Wochen Deckerde aufbringen optimale Temperatur nun 20 °C etwa 10 Tage später Deckerde verkratzen	Fruchtkörperbildung 3 bis 4 Wochen nach dem Abdecken, 6 bis 7 Wellen optimale Temperatur 16 bis 18 °C Ertrag 10 bis 15 % des Substratgewichts, beim Braunen Egerling nur 10 bis 12 % bei zugekauftem Fertigsubstrat bis zu 25 %

2. Stadtchampignon

Zeitpunkt der Anlage	Behandlung des Substrates	Beimpfung	Durchwachsphase	Ernte, Ertrag
Mai bis Juni	wie oben	wie oben	optimale Temperatur 27 °C nach Aufbringen der Deckerde 25 °C 14 Tage später verkratzen	optimale Temperatur 24 °C Ertrag 10 bis 15 % des Substratgewichts

Schopftintling

Der Schopftintling *(Coprinus comatus)* wächst vom Frühling bis in den Herbst auf fetten Böden, am Rand von Weiden und Wegen, auch in Gärten und auf sandigen begangenen Stellen.

Aussehen

Die weißen, zylindrisch bis kugelförmigen Hüte junger Pilze besitzen eine glatte Oberfläche und einen beigen bis okkergelben Scheitel. Später sind sie von faserigen Flecken bedeckt. Die Hüte werden etwa 14 cm hoch und 6 cm breit. Im Alter öffnen sie sich wie eine hohe enge Glocke. Ihr Rand färbt sich zuerst rosa, dann schwarz. Schließlich löst sich der ganze Hut vom Rand her in eine tintenartige Flüssigkeit auf. Die weißen Lamellen verfärben sich ebenso und zerfließen mit dem Hut zu schwarzer Tinte. Das Sporenpulver ist ebenfalls schwarz.

Der glatte weiße Stiel ist hohl, wird bis zu 20 cm lang und 2 cm breit. Er besitzt einen Ring, der an älteren Pilzen oft schon verschwunden ist. Das Fleisch ist weiß, fest und ohne besonderen Ge-

Schopftintling (Coprinus comatus).

ruch. Viele Pilzkenner behaupten, der Schopftintling sei nach dem Kaiserling der beste Speisepilz.

Medizinische Wirkung

Der Schopftintling hat aber neben seinem Wohlgeschmack noch einen Vorzug: So stellte ein an Diabetes erkrankter Wissenschaftler in einem Selbstversuch fest, daß Schopftintlinge nach dem Verzehr seinen Blutzucker deutlich senkten. Auch in einem Tierversuch zeigten wild gewachsene Schopftintlinge eine ähnliche Wirkung wie die gebräuchlichen blutzuckersenkenden Medikamente. Der Schopftintling könnte also nach weiteren Untersuchungen durchaus bald eine bedeutende Rolle auf dem Speisezettel von Diabetikern spielen.

In Champignon-Kulturen treten öfter Tintlinge als »Unkrautpilze« auf. Da lag der Gedanke nahe, ob nicht auch der schmackhafte Schopftintling auf Champignon-Substrat gedeihen könnte. Erste Versuche stellte wiederum die VEG Champignonzucht in Dieskau an, die auch das älteste Anbauverfahren für die Braunkappen entwickelte.

Anbau im Garten

Tatsächlich kann der Schopftintling auf der gleichen Nährgrundlage gezogen werden wie der Champignon. Auf Ammoniakreste im Substrat reagiert er lange nicht so empfindlich wie die Champignon-Arten. Der Schopftintling zählt aber zu den kalkliebenden Pilzen: Es ist möglich, die Nährgrundlage zu verbessern, indem man je m³ 40 kg kohlensauren Kalk untermischt. Der Schopftintling wächst jedoch durchaus auch auf zugekauftem Champignon-Fertigsubstrat, das unverändert verwendet wird. Sein Anbau ist nicht schwieriger als der des Champignons. Er wird sogar weniger von Krankheiten befallen und verspricht einen etwas höheren Ertrag.

Schopftintlinge können an schattigen Stellen im Garten gezogen werden, in Frühbeetkästen, Bodenbeeten, Säcken oder Kisten. Das beimpfte Substrat sollte jeweils 18 bis 20 cm hoch zu liegen kommen. Ein Schutzdach gegen allzuviel Sonne und Regen wäre empfehlenswert. Die beste Zeit für eine Kulturanlage sind die Monate von Mai bis August.

Beimpfen, Durchwachsphase. Für Schopftintlinge ist heute meist Körnerbrut erhältlich; je m² Beetfläche werden 1 l (etwa 700 g) Brut benötigt. Man impft auf die beim Champignon beschriebene Weise. Früher war auch Substratbrut im Handel. 1 l von ihr reicht ebenfalls für 1 m² Beetfläche, sie wächst ähnlich gut an. Man steckt walnußgroße Brutstücke etwa 5 cm tief in die Nährgrundlage. Deren Temperatur sollte jeweils nicht über 25 °C liegen.

Nach dem Beimpfen werden die Beete oder Kisten, wie bei der Champignon-Kultur beschrieben, mit feuchtem Papier, Jutesäcken oder gelochter Folie abgedeckt. Substratsäcke bindet man zu und bohrt Luftlöcher hinein.

Während der Durchwachsphase sind Temperaturen von 20 bis 24 °C ideal. Nach etwa 3 bis 4 Wochen wird das Substrat vom Myzel des Schopftintlings durchsponnen sein. Dieses ist von weißer Farbe mit bläulichem Schimmer. Nun muß man die Abdeckung entfernen und 5 cm hoch Deckerde auftragen.

Deckerde. Sie kann nach den beim Champignon angegebenen Rezepten gemischt werden. Für den kalkliebenden Schopftintling empfiehlt sich aber ein pH-Wert von 7,5 bis 8. Die Erde sollte schon vor dem Aufbringen ausreichend feucht sein (Handprobe) und während der Kultur nicht mehr austrocknen. Am besten deckt man auch die Erdoberfläche wieder mit feuchtem Papier, Jutesäcken oder gelochter Folie ab. Bei Temperaturen um 20 °C wird das Myzel nach etwa 10 Tagen auf der Oberfläche der Deckerde erscheinen. Nun verkratzt man diese in ganzer Tiefe mit einer Drahtbürste oder einem Rechen (s. auch Seite 46). Die Kultur darf nun nicht mehr abgedeckt werden, denn auch der Schopftintling braucht zur Fruchtkörperbildung Frischluft. Die Deckerde muß mit einer feinporigen Brause stets ausreichend feucht gehalten werden.

Ernte, Ertrag. Etwa 3 bis 4 Wochen nach dem Aufbringen der Deckerde erscheinen die ersten Pilze. Dazu sind Temperaturen von 15 bis 20 °C ideal. Im Abstand von 10 bis 14 Tagen wachsen sie in mehreren Wellen heran. Nach der 7. Welle geht der Ertrag meist so stark zurück, daß sich eine Weiterkultur nicht mehr lohnt. Spätestens Mitte November werden die Freilandkulturen abgeräumt. Das abgetragene Substrat kann noch unter Beerensträuchern oder Obstbäumen als Dünger verteilt werden.

Schopftintlinge faßt man an der Stielbasis an und dreht sie vorsichtig aus dem Substrat heraus. Kleine Pilze mit noch glatter Oberfläche sind im Kühlschrank ein paar Tage länger haltbar als die größeren. Sie eignen sich auch besser zum Trocknen und Tiefgefrieren. Sollen die Pilze gleich nach dem Ernten zubereitet werden, kann man sie durchaus länger wachsen lassen. Sobald sich aber an den Lamellen ein rosaroter Hauch zeigt, gehören sie schleunigst in den Kochtopf. Schopftintlinge liefern einen Ertrag von 12 bis 15 % des Substratgewichts.

Anbau im Haus

In Hobbyräumen, Waschküchen, Scheunen, Kellern, auf dem Balkon und im Gewächshaus können Schopftintlinge auch angebaut werden. Es müssen dort Temperaturen von mindestens 15 °C herrschen. Der Schopftintling braucht zum Wachsen Frischluft, begnügt sich aber mit schwachem Dämmerlicht. In geeigneten Räumen ist der Anbau oft das ganze Jahr über möglich.

Man kann wie beim Champignon in Kellern und Scheunen Bodenbeete anlegen oder die Schopftintlinge in Foliensäcken und Kisten kultivieren (s. Abb. Seite 55). Um den Platz möglichst gut auszunützen, werden Kisten oft schachbrettartig aufeinandergestellt. Für Beimpfung, Durchwachsphase und Ernte gelten die gleichen Gesichtspunkte wie beim Anbau im Garten.

Mißerfolge und ihre Ursachen

Auch das Schopftintling-Myzel überlebt Temperaturen über 35 °C nur kurze Zeit. Deswegen muß wie beim Champignon unbedingt darauf geachtet wer-

Schopftintling-Anbau in Kisten im Haus.

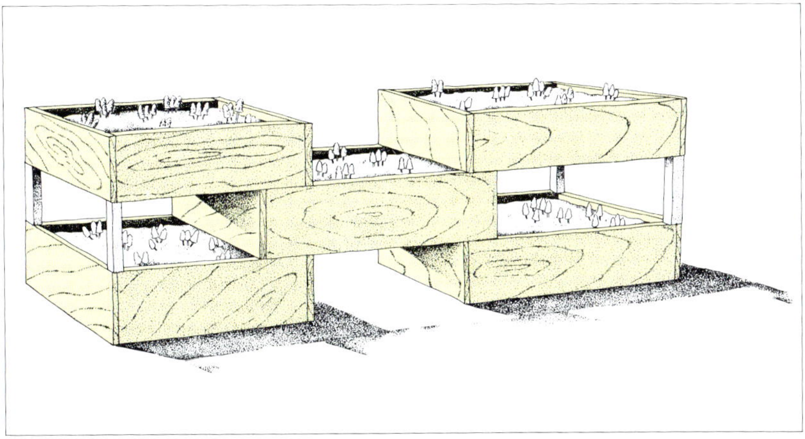

Übersicht Schopftintling-Anbau

Zeitpunkt der Anlage	Behandlung des Substrates	Beimpfung	Durchwachsphase	Ernte, Ertrag
im Freiland Mai bis August, in Räumen ganzjährig	wie beim Champignon-Anbau Zusatz von 1 kg kohlensaurem Kalk/ 100 kg Substrat günstig Verwendung von Champignon-Fertigsubstrat möglich	1 l (700 g) Körnerbrut/ m^2 Beetfläche bzw. 1 Gew.-% bei Sackkultur	optimale Temperatur 20 bis 24 °C, hohe Luftfeuchtigkeit nach 3 bis 4 Wochen Deckerde aufbringen Temperatur nun um 20 °C nach etwa 10 Tagen verkratzen	etwa 4 Wochen nach dem Abdekken Fruchtkörperbildung in 6 bis 7 Wellen bei Temperaturen von 15 bis 20 °C Ertrag 12 bis 15 % des Substratgewichts

Violetter Ritterling (Lepista nuda).

den, daß sich das Substrat nicht zu sehr erhitzen kann. Frisch geimpfte Körnerbrut sollte vor Mäusen geschützt werden.

Bei Schopftintlingen gibt es kaum Probleme mit Krankheitsbefall, sofern sauber gearbeitet wird. Sollten dennoch einzelne Pilze seltsam verunstaltet wachsen, müssen sie entfernt und vernichtet werden. Maden sind selten in Schopftintlingen zu finden, vor allem im Freiland muß aber auf Schnecken geachtet werden.

Verwendung, Lagerung, Konservierung

Frisch geernteten Schopftintlingen schneidet man die verschmutzte Stielbasis ab. Junge Pilze, deren Hüte noch kaum Schuppen zeigen, sind im Kühlschrank bei 5 °C etwa 5 Tage haltbar, größere Schopftintlinge nur etwa 3 Tage. Sie können bei Temperaturen um etwa 45 °C im Backofen getrocknet werden. Die Tür sollte dabei einen Spalt offen bleiben, damit die Feuchtigkeit entweichen kann. Beim Trocknen an der Luft würden die Schopftintlinge eventuell bereits zerlaufen. Die Pilze können sogar tiefgefroren werden. Blanchieren ist nicht nötig. Schopftintlinge sollten ohne Auftauen gleich zubereitet werden, da sie sich sonst schwarz verfärben. Sie eignen sich zur Konservierung in Kochsalzlösung oder Essigsud.

Violetter Ritterling

Der Violette Ritterling *(Lepista nuda)* wird oft auch Violetter Rötelritterling genannt. Im Herbst und Winter wächst er auf humosen Waldböden, gelegentlich in Gärten, oft in Form von Hexenringen.

Aussehen

Der Violette Ritterling gehört zu den farbenprächtigsten Pilzen: Seine Hüte sind lila, lilabraun oder braunrötlich gefärbt, die Mitte ist stets bräunlich. Die Farbe bleicht jedoch später aus. Junge Pilze besitzen halbkugelige Hüte mit eingerolltem Rand. Diese breiten sich mit der Reife aus und erreichen Durchmesser von 6 bis 15 cm. Die Stiele werden bis zu 10 cm hoch und 3 cm dick. Die Stielbasis ist knollig verdickt und mit lila Filz (Myzel) bedeckt. Die Stiele sind ebenso wie die Lamellen lila oder graulila gefärbt, die Sporen lila bis rötlich.

Trotz des wenig vertrauenerweckenden Aussehens zählt er zu den vorzüglichsten Speisepilzen. Sein Fleisch ist weißlich-violett, zart und riecht süßlich parfümiert. Es schmeckt süßlich aromatisch, sollte aber nicht roh gegessen werden.

Geschichte

Im Jahre 1898 wurde in Frankreich erstmals versucht, Violette Ritterlinge anzubauen. Man wollte die Bedingungen am natürlichen Standort imitieren und verwendete Gemische aus kompostiertem Pferdemist, Blättern und Tannennadeln als Substrat. Inzwischen weiß man, daß der Violette Ritterling auch auf Champignon-Substrat wächst. In Holland wurden auf Kompost, der sich

aus 4 Teilen Pferdemist, 1 Teil Stroh bzw. Rinde und Superphosphatdünger anstatt des Hähnchenkots zusammensetzte, besonders hohe Erträge erzielt. Vielleicht kann der Hobbypilzanbauer bald auch dieses neuartige Ritterling-Substrat kaufen.

Anbau im Garten

Der Ritterling-Anbau verläuft recht ähnlich wie die Champignon-Kultur. Er verlangt aber eine gewisse Erfahrung und ist deswegen mehr etwas für Fortgeschrittene. Der Violette Ritterling bildet Fruchtkörper, wenn die Außentemperaturen unter 15 °C liegen, also im Herbst, Winter und sogar noch im Frühjahr. Die beste Anlagezeit ist der Monat Mai; man kann eventuell auch im Herbst mit der Kultur beginnen.

Im Hausgarten wird er im Schatten von Bäumen und Sträuchern in Bodenbeeten, Kisten oder Säcken angebaut. Zum Schutz vor zuviel Sonne oder Regen wäre ein Schrägdach von Vorteil. Das Substrat sollte mit der doppelten Menge Brut beimpft werden, also 2 l (etwa 1400 g) Körnerbrut je m^2 Beetfläche, oder 2 Gewichtsprozente bei Sackkultur. Wie beim Anbau von Champignons wird das Substrat nach dem Spikken abgedeckt und für hohe Luftfeuchtigkeit gesorgt. Das Ritterling-Myzel entwickelt sich am besten bei Temperaturen um 20 °C. Nach 2 bis 3 Wochen ist das Substrat von den lilafarbigen Myzelfäden durchsponnen.

Nun wird 5 cm hoch feuchte Deckerde aufgebracht und die Kultur abgedeckt. Es eignen sich die beim Champignon-Anbau beschriebenen Mischungen. 2 bis 3 Wochen später erscheint das Myzel auf der Erdoberfläche. Verkratzen ist beim Violetten Ritterling nicht nötig. Etwa 3 Wochen nach dem Abdekken bilden sich bei Temperaturen von 10 bis 15 °C die ersten Pilze und die Ab-

Übersicht Ritterling-Anbau (nur für Fortgeschrittene)

Zeitpunkt der Anlage	Behandlung des Substrates	Beimpfung	Durchwachsphase	Ernte, Ertrag
im Freien Mai oder Herbst, in kühlen Räumen ganzjährig	wie beim Champignon-Anbau	2 l (etwa 1400 g) Körnerbrut/m^2 Beetfläche bzw. 2 Gew.-% bei Sackkultur	Temperaturen um 20 °C nach 3 Wochen Deckerde aufbringen Verkratzen nicht nötig	3 Wochen nach Auftragen der Deckerde Fruchtkörperbildung bei Temperaturen von 10 bis 15 °C Überwintern möglich Ertrag 3 % des Substratgewichts

deckung muß nun entfernt werden. Die Fruchtkörper erscheinen zuerst in mehreren Wellen, dann aber kontinuierlich.

Wichtig ist nun, daß die Deckerde immer optimal feucht bleibt (Handprobe). Ist sie zu trocken, vertrocknen auch die kleinen Pilze, ist sie zu naß, beginnt das Myzel zu wuchern und bildet einen dichten, lila Belag, aus dem kaum noch Fruchtkörper sprießen. In beiden Fällen hilft es, wenn man wieder etwa ½ cm hoch feuchte Deckerde aufträgt. Auch nach jeder Erntewelle sollte noch einmal die gleiche Menge Deckerde ausgebracht werden.

Ritterlings-Kulturen kann man gut überwintern. Sobald im Herbst die Temperaturen unter 5 °C gesunken sind, werden die Beete mit Säcken abgedeckt und mindestens 10 cm hoch Laub oder Stroh darübergeschichtet. Wenn im Frühjahr die Temperaturen über 10 °C steigen, muß man die Abdeckung entfernen und neuerlich eine dünne Schicht Deckerde aufbringen. Bei Temperaturen von 10 bis 15 °C bilden sich noch einmal Fruchtkörper.

Man erntet die Violetten Ritterlinge durch Herausdrehen, sobald sich die Hüte waagrecht ausgebreitet haben. Nach einer Kulturdauer von 3 bis 4 Monaten ist das Substrat erschöpft, es kann noch zur Bodenverbesserung verwendet werden. Der zu erwartende Ertrag ist vergleichsweise niedrig, er liegt etwa bei 3 % vom Substratgewicht.

Anbau im Haus

In Räumen mit konstanten Temperaturen zwischen 10 und 15 °C ist der Ritterling-Anbau in Beeten, Kisten und Säcken ganzjährig möglich. Die Pilze brauchen aber Frischluft und auch Licht, da sie sonst nur lange Stiele und kaum Hüte bilden. Ansonsten gelten die beim Anbau im Garten besprochenen Kulturmaßnahmen.

Parasolpilz (Macrolepiota procera).

Mißerfolge und ihre Ursachen

Wichtig ist, daß die Abdeckerde stets optimal feucht gehalten wird. Kulturfehler kann man korrigieren, indem eine $^1/_2$ cm hohe Schicht Deckerde aufgebracht wird.

Beim Violetten Ritterling treten kaum Krankheiten auf. Erscheinen doch einmal »auffällige« Pilze, werden sie sofort entfernt und vernichtet. Auch mit Maden oder Schnecken gibt es wenig Probleme.

Verwendung, Lagerung, Konservierung

Bei frisch geernteten Violetten Ritterlingen schneidet man die verschmutzte Stielbasis ab. Im Kühlschrank halten sich die Pilze etwa 5 Tage. Sie können getrocknet, tiefgefroren oder konserviert werden.

Parasolpilz

Der Parasolpilz *(Macrolepiota procera)* wird auch Riesenschirmling genannt. Er wächst vom Sommer bis zum Herbst an grasigen Stellen in Wäldern und am Wegrand. Dabei bevorzugt er Kalk- und Silikatböden.

Aussehen

Die Hüte junger Parasolpilze sind eiförmig bis kugelig, beigegrau gefärbt, und bis auf einen glatten Buckel in der Mitte von braunen Schuppen bedeckt. Mit der Reife breiten sich die Hüte aus und erreichen Durchmesser von 10 bis 25 cm. Die Lamellen sind weiß bis gelblich, im Alter rostbraun, die Sporen weiß. Der Stiel kann 20 bis 40 cm hoch und 2 bis 3 cm dick werden. Er ist innen hohl, wie der Hut von zahlreichen braunen Schuppen bedeckt, und endet unten in einer Knolle. Er trägt einen auffallend großen, fast weißen Ring.

Das Fleisch des Hutes ist weiß und zart, das des Stieles meist faserig. Es rötet sich etwas an der Luft. Sein Geruch und Geschmack erinnern an Haselnüsse. Der Parasolpilz ist einer der besten und bekanntesten Speisepilze. Meist wird nur sein Hut verwendet, bei jungen, noch geschlossenen Fruchtkörpern sind aber auch die Stiele brauchbar.

Zusammen mit nahe verwandten Schirmlingen zählt der Parasolpilz zu den Kompostbewohnern. Er könnte also durchaus auch auf Champignon-Substrat wachsen. Es wurden schon zahlreiche Anbauversuche unternommen, allerdings ohne allzu große Erträge zu erzielen. Man hofft dennoch, in absehbarer Zeit brauchbare Anleitungen für die Hobbykultivateure entwickeln zu können. Laborversuche liefern bereits brauchbare Ergebnisse.

Anbau im Garten

Bis es so weit ist, bleibt der Anbau des Parasolpilzes den Tüftlern unter den Hobbygärtnern überlassen. Schon die Brut wird kaum angeboten und muß eventuell selbst hergestellt werden. Nachdem der Parasolpilz zu den kalkliebenden Pilzarten zählt, sollte dem Champignon-Substrat und der Deckerde, wie beim Schopftintling auf Seite 54 beschrieben, kohlensaurer Kalk zugesetzt werden. Er scheint auch ähnliche Temperaturansprüche zu stellen wie der Schopftintling.

Bisher ist es nur gelungen, Parasolpilze im Garten an Stellen anzusiedeln, die seinen natürlichen Standorten nahekommen: An halbschattigen Plätzen werden kleine Gruben aus der Rasenfläche gehoben und mit durchwachsenem Substrat gefüllt. Ein Anbau in Kisten oder in Räumen ist bis jetzt nicht geglückt. Wenn man bedenkt, welche Fortschritte der Pilzanbau in den letzten 10 Jahren machte, sind wir von der regelrechten Inkulturnahme des Parasolpilzes und anderer Schirmlinge vielleicht nicht mehr weit entfernt.

Strohpilz

Der Strohpilz *(Volvariella esculenta)* wird auch Reisstrohpilz, Reisstrohchampignon und nach seiner Heimat China- oder Kantonpilz genannt. Er ist ein enger Verwandter unseres Schwarzstreifigen Scheidlings *(Volvariella volvacea)* und wird in der älteren Literatur noch unter dieser lateinischen Bezeichnung geführt.

Aussehen

Die Hüte ausgewachsener Strohpilze erreichen Durchmesser von 6 bis 10 cm. Sie sind hellgrau gefärbt mit dunkelgrauem Zentrum. Ihre Oberfläche ist glatt, der Hutrand gerade. Strohpilze besitzen zahlreiche weiße und sehr feine Lamellen. Junge Fruchtkörper sind von einer hellbraunen Scheide (Volva) eingeschlossen und gleichen einem Ei. Diese Volva reißt später auf, ihre lappigen Reste bleiben am Grunde des Stieles zurück. Dieser ist weiß, wird 3 bis 8 cm hoch und etwa 1 cm breit. Der Reisstrohchampignon hat einen ausgezeichneten Geschmack. Dazu enthalten 100 g von ihm im frisch geernteten Zustand etwa 200 mg Vitamin C.

Geschichte

Im 18. Jahrhundert wurden in China erstmals Strohpilze kultiviert. Selbst der Kaiser wußte diesen Leckerbissen bald zu schätzen. Ende des 19. Jahrhunderts mußten Strohpilze sogar als Tribut an die kaiserliche Familie abgeliefert werden. Auch heute noch wird dieser Pilz in China und Indonesien, auf Madagaskar und den Philippinen kultiviert und exportiert. Dort baut man ihn vor allem im Fruchtwechsel mit dem Kulturchampignon an: In kühleren Monaten den Champignon, in heißen den Strohpilz. Für dessen Fruchtkörperbildung sind nämlich Temperaturen von 28 bis 30 °C optimal. Auch bei 35 °C (selbst im Substrat) gedeiht er noch.

Anbau in warmen Räumen

In tropischen Ländern wird der Strohpilz von April bis September im Freiland und auch in einfachen Folienhäusern angebaut. In unserem kühleren Klima empfiehlt sich aber nur von Mai bis August eine Kultur in Kleingewächshäusern, eventuell auch in warmen, ausreichend hellen Räumen oder unterm Folientunnel.

Der Anbau in Kulturräumen wird in Asien auf Substrat aus Baumwollabfall und Reisstroh durchgeführt. Auf Stellagen kommt zuerst eine 15 cm hohe Schicht fermentierter Baumwollabfall, darauf eine 10 cm hohe Lage fermentiertes Reisstroh. Diese Grundstoffe sind in Europa natürlich kaum zu beschaffen. Für den Strohpilzanbau eignet sich aber jede Art von Stroh, sofern es von guter Qualität ist. Anstatt des Baumwollabfalls kann Komposterde verwendet werden. Der Strohpilz wächst auf Champignon-Substrat ebenfalls gut.

Fermentation des Strohes. Für die Fermentation wird das Stroh gründlich gewässert und zu einem 1 m hohen Haufen aufgeschichtet. Die einzelnen Lagen muß man dabei nochmals befeuchten und zum Schluß festtreten. Die Fermentation ist nach etwa 4 bis 5 Tagen beendet. Nun schichtet man in Kisten oder auf den Gewächshaustisch 15 cm hoch Komposterde und bedeckt diese mit einer 10 cm hohen Lage fermentierten Strohs. Beim Anbau unter Folientunnel breitet man eine 20 bis 30 cm hohe Strohschicht auf einem Beet aus, das am besten vorher noch umgegraben wird.

Beimpfen, Anwachsphase. Sobald die Temperatur des Strohs auf 35 °C gefallen ist, kann man es beimpfen. Die Körnerbrut wird gleichmäßig im Substrat verteilt. Strohpilz-Brut ist zur Zeit jedoch noch ziemlich schwer zu beschaffen.

Die Lufttemperatur sollte während der Durchwachsphase 20 bis 28 °C betragen. Das Substrat muß auch vor direkter Sonnenbestrahlung geschützt werden. Man kann z. B. Kleingewächshäuser mit Strohmatten abdecken oder mit Schattierfarbe streichen.

Der Strohpilz besitzt eine außergewöhnlich kurze Kulturzeit: Bereits etwa 2 Wochen nach dem Beimpfen erscheinen die ersten Fruchtkörper. Die Pilze brauchen für ihr Wachstum zwar Licht, reagieren auf starke Sonnenbestrahlung aber mit Ertragsrückgang. Unter 20 °C bilden sich überhaupt keine Fruchtkörper. Es gibt in Asien aber Stämme mit unterschiedlichen Temperaturansprüchen, chinesische benötigen weniger Wärme als z. B. taiwanesische.

Ideal sind im allgemeinen Lufttemperaturen von 28 °C und eine Luftfeuchtigkeit von 85 bis 92 %. Diese kann man z. B. durch regelmäßiges Befeuchten des Gewächshausbodens erreichen. Die Kultur sollte nur vorsichtig mit einer feinporigen Brause feuchtgehalten werden. Auf übermäßiges Gießen reagiert der Strohpilz ebenfalls mit Ertragsrückgang. Wer im Gewächshaus eine Berieselungsanlage hat, sollte sie zweimal täglich einschalten. Unter günstigen Bedingungen kann der Strohpilz geradezu explosionsartig wachsen.

Ernte, Ertrag. Nach 1 Woche sind die Fruchtkörper erntereif. In Asien vermarktet man Pilze, deren Scheide gerade aufgeplatzt ist. Für den Hausgebrauch kann man sie aber etwas länger wachsen lassen. Im Abstand von 5 bis 10 Tagen erscheinen mehrere Erntewellen. Nach 30 bis 60 Tagen ist der Nährstoffgehalt des Substrats erschöpft und die Kultur muß abgeräumt werden.

Beim Anbau in Kulturräumen werden in Asien Ertragsausbeuten von bis zu 80 % des Substrattrockengewichts (Stroh + Baumwollabfall) erreicht. In unseren Breiten und auf unseren Nährgrundlagen ist die Ausbeute etwas niedriger, aber immer noch hoch im Vergleich zu anderen Pilzarten. Deswegen ist zu hoffen, daß bald häufiger Strohpilz-Brut für Hobbyanbauer angeboten wird.

Bohrlochmethode.

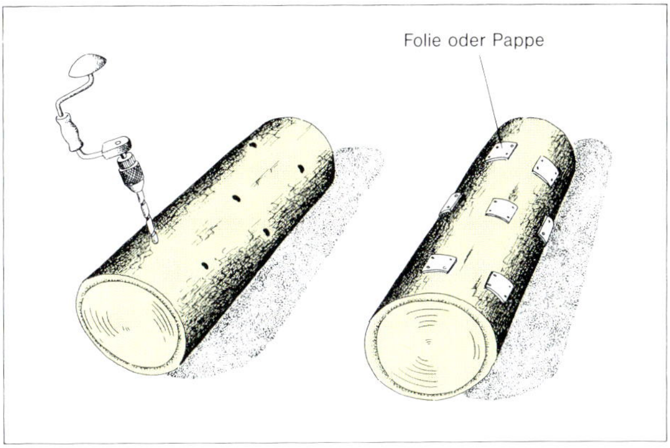

fach mit dem dicksten Bohrer 2 Löcher dicht nebeneinander setzen.

In die Löcher wird nun vorsichtig die fein zerbröckelte Brut gefüllt und mit einem sauberen Stäbchen festgedrückt. Brutpaste ist bei dieser Methode ebenfalls verwendbar. Über den Löchern werden nun Folien- oder Pappstücke befestigt. Man kann zum Verschließen auch Holz- bzw. Korkstöpsel oder sauberen Lehm verwenden. Bei dieser Methode wird die Brut gleichmäßiger über den Stamm verteilt, das Myzel kann sich nach allen Seiten ausbreiten. Die jeweilige Angriffsfläche für das Pilzmyzel ist aber gering. So beimpfte Hölzer können während der Durchwachsphase auch hingelegt werden.

Schnittimpfmethode

Die Schnittimpfmethode ist eine ziemlich neue Entwicklung (s. Abb. Seite 68). Dazu schneidet man das Stammstück in der Mitte möglichst tief senkrecht ein. Es muß aber noch stabil bleiben und darf nicht etwa beim nächsten Stoß auseinanderbrechen. An längeren Stämmen bringt man besser zwei Schnitte an. Man mißt jeweils von einem Ende etwa 1/4 der Stammlänge ab und setzt dort die Säge an. Für den zweiten Einschnitt wird der Stamm umgedreht, die Impfstellen sollen sich gegenüberliegen.

Der Einschnitt sollte etwa 1 bis 3 cm breit werden. Kettensägen liefern genau die richtige Schnittbreite. Eventuell bringt auch ein freundlicher Förster oder Waldbesitzer gleich die passenden Schnitte an. (Hinterläßt die Kettensäge am Stamm Schmierölreste, so schadet dies der Pilzkultur nicht.) Bei Hand- oder Kreissägen muß man meist zwei Einschnitte nebeneinander setzen und dann mit einem schmalen Stemmeisen und Hammer das stehengebliebene Holz heraushauen. Diese schmalen Öffnungen hat man nun randvoll mit Brut zu füllen. Dabei helfen einige Tricks: Der Folienstreifen, mit dem der Einschnitt sowieso abgedeckt werden sollte, wird bereits vor dem Einfüllen der Brut etwa zur Hälfte festgemacht. In die so entstandene »Tasche« läßt sich die Brut schon viel leichter hineinschieben. Zusätzlich kann man sich noch einen Trichter basteln. Entweder aus einem Papier-Kaffeefilter, dessen schmales Ende man abgeschnitten hat oder aus einer Konservendose, von der Deckel und Boden sorgfältig herausgeschnitten und ein Ende zusammengedrückt wurde. Mit einem sauberen

Stäbchen wird die Brut dann gut angedrückt.

Die Folie muß wieder so dicht über dem Einschnitt befestigt werden, daß weder Schnecken noch Pilzfliegen eine Chance bekommen. Impft man verschiedene Kulturpilzarten oder -sorten (natürlich nur jeweils 1 pro Stamm), sollte jedesmal eine andere Filtertüte genommen bzw. die Dose mit heißem Wasser ausgespült werden. Es ist dann auch ratsam, mit einem Faserschreiber die verwendete Art auf dem Stamm zu vermerken, damit man selbst nach der mehrmonatigen Durchwachszeit noch weiß, welches Myzel man nun vor sich hat. Bei der fortschrittlichen Schnittimpfmethode hat das Myzel eine breite Angriffsfläche und es kann sich in beide Richtungen zügig ausbreiten. Brutpaste oder -scheiben sind hier ebenfalls verwendbar.

Keilmethode

Wer keine Kettensäge hat, kann auch die etwas veraltete Keilmethode anwenden: Man schneidet einen etwa 6 cm breiten Keil heraus, der ungefähr bis zur Mitte des Stammes reicht. Auf die Schnittstellen wird eine Schicht Brut verteilt, der Keil wieder daraufgesetzt und angenagelt. Auf die Impfstelle kommt ebenfalls Folie.

Impfgraben

Soll eine sehr große Anzahl Hölzer beimpft werden, empfiehlt sich die Anlage eines Impfgrabens. Diese Methode kommt aber eher für Nebenerwerbs-Anbauer in Frage, weil in Hausgärten selten Pilze in solchen Mengen gezüchtet werden. Einen Impfgraben muß man etwa 1 m breit und 1,40 m tief ausheben. Seine Länge hängt davon ab, wieviel Holz in ihm gelagert werden soll. Man verwendet Stämme von 1 m bis 1,20 m Länge, die kurz vor dem Beimpfen in drei Teile zersägt werden. Vom dünneren Stammende wird noch eine etwa 3 cm starke Scheibe abgeschnitten. Das dicke Ende stellt man zuerst aufrecht in den Impfgraben. Auf die frische Schnittfläche kommt etwa 1 cm hoch Brut. Darauf wird das nächste Stück gestellt und ebenfalls mit Brut bestreut. Es folgt der letzte und dünnste Stamm. Auf seine obere Schnittfläche wird nochmals Brut geschichtet und dann die Holzscheibe festgenagelt. Ist der Impfgraben mit Stämmen gefüllt, muß er abgedeckt werden. Dazu eignen sich Äste, Latten oder Roste, auf die

Links: Schnittimpf-Methode. Rechts: Die Grundausstattung für den Pilzanbau auf Holz: eingeschnittene Stämme, Brut, Trichter, Folie, Schere und Reißnägel. Mitte: Frisch beimpfte und beschriftete Stämme. Unten: Keilmethode.

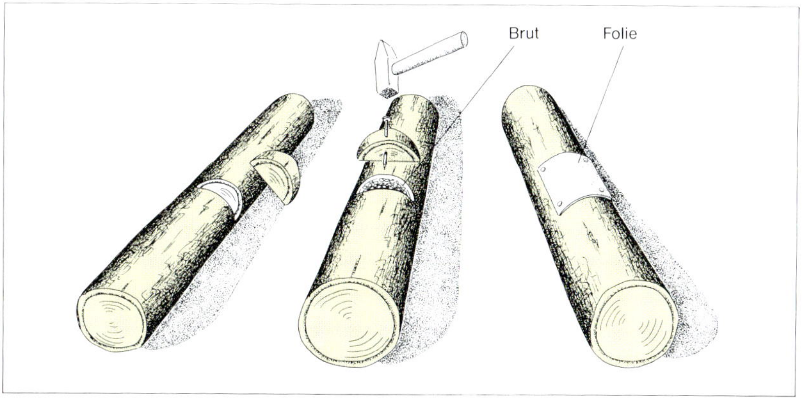

man noch Folie bzw. Schilfmatten, Stroh oder Säcke und zum Schluß Erde legt. Die Abdeckung sollte die beimpften Stämme nicht berühren, sie könnte Krankheiten übertragen.

In den trockenen Sommermonaten hält man den Impfgraben durch einen schmalen Bewässerungsgraben feucht, der im Abstand von etwa 1/2 m um die Miete gezogen und einmal in der Woche mit Wasser gefüllt wird. Im Impfgraben darf sich kein Wasser ansammeln, weil sonst das Myzel ersticken würde. Das günstige Kleinklima im Impfgraben ermöglicht sehr gutes Durchwachsen.

Wieviel Brut man zum Impfen braucht, hängt von der Dicke der Stämme und von der verwendeten Methode ab. Bei der Schnitt- bzw. Scheibenimpfmethode und Stämmen mit etwa 20 cm Durchmesser werden je Impfstelle etwa 50 g Körnerbrut bzw. Brutpaste benötigt. Die Bohrlochmethode kommt mit etwas weniger aus. Bei der Verwendung von Scheibenbrut rechnet man meist 2 Stück pro Impfstelle.

Durchwachsphase

Nach dem Beimpfen durchwächst das Myzel allmählich die Hölzer. Ideal sind dafür Temperaturen von 20 bis 25 °C und eine Luftfeuchtigkeit zwischen 80 und 90 %. Die Durchwachszeit hängt aber auch von der Holzart sowie der Dicke und Länge der Stämme ab.

Lagerung der Stämme

Besonders rasch wird die Anwachsphase abgeschlossen sein, wenn man die Stämme bei optimalen Bedingungen lagert. Dafür gibt es mehrere Möglichkeiten: Wurden nur wenige Hölzer beimpft, können diese einzeln in ausreichend große Plastiksäcke gepackt werden. Damit das Myzel während des Wachstums ausreichend Sauerstoff bekommen kann, müssen in die Folie z. B. mit einem Nagel jeweils etwa ein halbes Dutzend Luftlöcher gebohrt werden. Die in Folie gewickelten Stämme bewahrt man am besten in einem Raum auf, in dem Temperaturen um 20 °C herrschen. Hölzer mit Schnittflächenbeimpfung müssen auch hier aufrecht stehen bleiben. Die Stämme dürfen nicht in der prallen Sonne liegen, weil das Myzel bei Temperaturen über 30 °C abzusterben beginnt. Man muß vor allem darauf achten, daß sich keine Mäuse einstellen können. Sie durchbeißen sogar die Folie, um an die schmackhafte Körnerbrut zu kommen.

Hat man eine größere Anzahl Hölzer beimpft, können diese an einem schattigen Platz im Garten gelagert werden. Stämme, bei denen die Bohrloch- oder Schnittimpfmethode angewandt wurde, werden (auch in mehreren Reihen neben- und übereinander) zu einem Stapel zusammengelegt. So ein Haufen sollte aber nicht länger als 3 m, nicht breiter als 1,50 m und nicht höher als 1,20 m geraten, weil sonst in seinem Inneren die Temperatur zu stark ansteigen könnte.

Diese oberirdische Miete kann nun mit feuchten Jutesäcken (s. Abb. Seite 71), Laub oder Stroh abgedeckt werden, die man bei trockenem Wetter aber regelmäßig gießen muß. Pflegeleichter ist eine Miete, über die feuchtes Stroh

Eine einfache, mit feuchten Jutesäcken abgedeckte Miete.

und eine gelochte Plastikfolie (etwa 4 Löcher/m^2) gebreitet wurde. Die Folie muß beschwert oder an den Kanten eingegraben werden, damit sie nicht davonfliegt.

Hölzer, deren Schnittfläche beimpft wurde, müssen aber aufrecht stehen bleiben. Man stellt sie an einer schattigen Stelle im Garten dicht aneinander. Stehen sie etwas wackelig, sollten sie 5 bis 10 cm in die Erde eingegraben werden, denn sie dürfen während der gesamten Durchwachsphase nicht umfallen. Über die Stämme kommen nun wieder feuchte Säcke oder Stroh und Lochfolie.

Ausmieten

Bevor die beimpften Stämme an ihren endgültigen Standort kommen, muß das Myzel zumindest gut angewachsen sein. Dies ist bei Temperaturen von 20 °C bereits nach 2 Monaten, bei 10 °C aber erst nach 3 bis 4 Monaten der Fall. Das Myzelwachstum beginnt bei etwa 8 °C. Erst nach mindestens 8 Wochen Durchwachszeit bei wenigstens 15 °C ist das Myzel gegen Frost unempfindlich. Bis zum völligen Durchwachsen können bei Weichholz 6 Monate, bei Hartholz bis zu 12 Monate vergehen.

Im Frühjahr- oder -sommer beimpfte Stämme werden im August ausgemietet, im August und September beimpfte im November. Falls man die Impfung später im Jahre vornahm, müssen die Stämme in einem ausreichend temperierten Raum durchwachsen. Hier ist besonders wichtig, daß die Hölzer nicht

Mit gelochter Folie abgedeckte Miete.

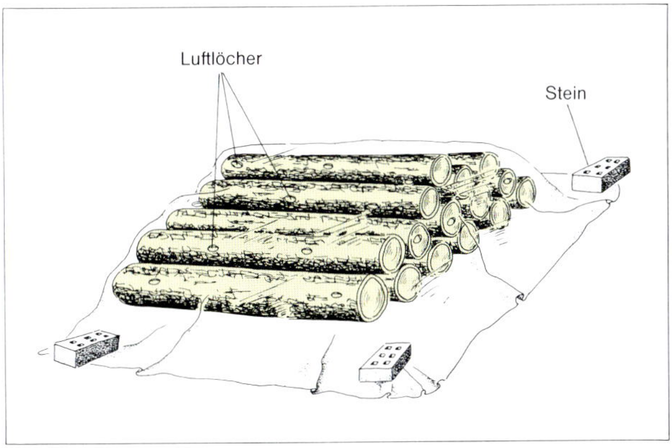

austrocknen. Man lagert sie unter gelochter Folie und sorgt für hohe Luftfeuchtigkeit oder breitet Stroh bzw. Säcke über sie, die regelmäßig begossen werden müssen.

Kultur

Die Kultur ist gut angegangen, wenn an den Impfstellen und Stammenden weißes Myzel sichtbar wird, das angenehm nach Pilzen riecht. Bei Austernpilzen wuchert das Myzel oft sogar noch weiter und durchspinnt die Strohabdeckung oder die Jutesäcke. An den Impfstellen muß die Brut weiß geblieben sein. Falls sie an der Oberfläche und vor allem an den Rändern etwas eingetrocknet und dadurch gelb bis braun geworden ist, macht dies auch noch nichts. Zeigt sich aber an den Impfstellen graues, grünes, rotes oder gelbes Myzel und keine Spur mehr vom Kulturpilz, muß der von Konkurrenz- oder Schimmelpilzen befallene Stamm aussortiert werden (s. Abb. oben Seite 73).

Die durchwachsenen Stämme kommen an einen schattigen, windgeschützten Platz im Garten. Von der Impfstelle wird die Abdeckung entfernt, die ersten Pilze erscheinen meist dort. Mit Shii-take oder Judasohr beimpfte Stämme brauchen keinen Erdkontakt. Hölzer mit anderen Kultursorten müssen, aufrecht stehend im Abstand von etwa 30 cm, 10 bis 15 cm tief in den Boden eingegraben und dieser gut festgetreten werden. Ihr Myzel breitet sich auch in der Erde aus und nimmt dort Wasser und Mineralstoffe auf. Man muß sofort Schnecken jeden Zugang zu den Kulturen versperren (Schneckenzaun, Holzasche, Sägemehl o.ä.).

Damit ist der größte Teil der Arbeit getan und man sollte die Kultur nur noch regelmäßig befeuchten. Auf keinen Fall dürfen sich an den Schnittflächen Trockenrisse bilden. Es schadet nicht, wenn zwischen den Hölzern Unkräuter wachsen. Sie sorgen für ein feuchtes Kleinklima. Nur zur Erntezeit reißt man die nahe an den Stämmen wachsenden Pflanzen aus, damit man keine Pilze übersehen kann. Stämme aus Weichholz sind nach 3 bis 4 Jahren erschöpft und fallen in sich zusammen. Hartholz bringt 5 bis 7 Jahre lang Fruchtkörper hervor.

Kultur auf Baumstümpfen

Im Hausgarten müssen ab und zu Bäume gefällt werden. Der Gartenbesitzer

Ganz links: Das Myzel wird an den Schnittflächen sichtbar und wuchert bis in das Abdeckmaterial hinein. Links: Gut eingewachsenes Austernpilz-Myzel. Rechts: Diese Austernpilz-Brut ist von Schimmelpilzen befallen.

stellt sich dann oft die Frage, ob er die Baumstümpfe mühsam roden soll. Diese Arbeit kann er aber auch der Natur überlassen, wenn er die Baumstümpfe mit holzbewohnenden Pilzen beimpft. Nur dauert es etwa ein Jahrzehnt, bis die »Bio-Rodung« abgeschlossen ist und der Baumstumpf zerfällt.

Beimpfen

Außer dem Shii-take und dem Judasohr können alle Kulturarten sehr gut auf Baumstümpfen (auch von Obstbäumen) gezogen werden. Diese Art des Anbaus zählt sogar zu den ältesten Kulturmethoden überhaupt. Spätestens 4 Monate nach dem Fällen sollten die Stümpfe aus den bereits besprochenen Gründen beimpft werden. Da man Baumstümpfe aber schlecht einmieten kann, wird das Myzel in der Regel weniger günstige Durchwachsbedingungen vorfinden und entsprechend länger brauchen. Deswegen impft man in diesem Fall am besten nur in den Monaten April und Mai.

Baumstümpfe, die weniger als 25 cm Durchmesser haben, können mit der bereits beschriebenen Scheibenimpfmethode beimpft werden. Damit die Brut nicht austrocknet, stülpt man am besten eine Plastiktüte über den Stumpf (s. Abb. unten).

Bei dickeren Stämmen wird eine Variante der Keilimpfmethode angewandt: Man schneidet an zwei gegenüberliegenden Stellen – jedoch nicht in gleicher Höhe – tiefe Keile heraus. Auf die untere Schnittfläche des Baum-

Beimpfen von Baumstümpfen.

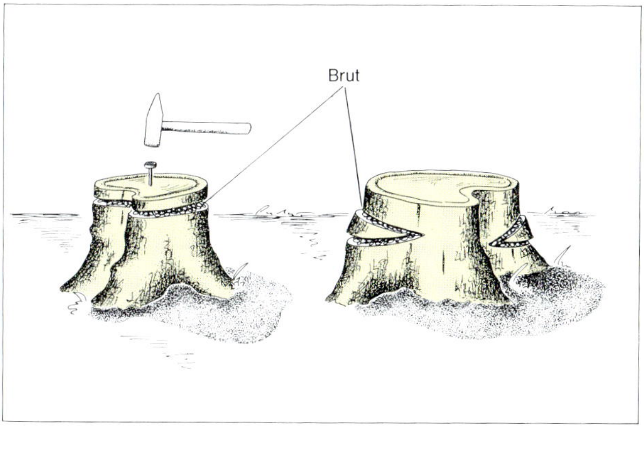

Links: Schutzdach für Baumstümpfe.

Rechts: Austernpilze wachsen in freier Natur auf abgestorbenem Laubholz.

stumpfs und auf die obere Schnittfläche des Keiles wird Brut verteilt und der Keil wieder eingesetzt. Auch bei dieser Impfmethode ist es von Vorteil, wenn während der Durchwachsphase eine Plastiktüte den Baumstumpf schützt. Die Bohrlochmethode empfiehlt sich weniger, weil bei ihr das Myzel zu langsam durchwachsen würde.

Kultur

Auf Weichholz werden selbst schnell wachsende Pilze wie die Samtfußrüblinge nur in seltenen Fällen bereits im Herbst erscheinen, meist dauert es bis zum folgenden Jahr. Bei Hartholz muß man sich oft 2 Jahre gedulden. Als Ausgleich macht die Kultur an Baumstümpfen am wenigsten Arbeit, sie verursacht auch die geringsten Kosten. Pilze können etwa 10 Jahre lang an den Stümpfen erscheinen, weil diese unter der Erde oft beachtliche Ausmaße erreichen. Selbst ihre dicken Wurzeln werden vom Pilz noch besiedelt.

Die Kultur an Baumstümpfen ist erheblich von der Witterung abhängig. Oft stehen diese Pilzanlagen auch an Plätzen, wo sie ziemlich schutzlos der Sonne und dem Wind ausgesetzt sind. Ein schräges Dach aus Latten oder Strohmatten auf 4 Pfählen kann das Kleinklima merklich verbessern. Bei trockener Witterung muß der Baumstumpf dennoch regelmäßig begossen oder beregnet werden (s. Abb. links).

Pilzkulturen auf Holzunterlagen liefern einen Ertrag von 15 bis 20 % des Substratgewichts, Stockschwämmchen sogar bis zu 30 %.

Austernpilz

Im Kapitel »Pilze auf Stroh« (s. Seite 25) wurde der Austernpilz bereits eingehend beschrieben. Der Sommer-, der Winter- und der Ganzjahrestyp können auch sehr gut auf Holz kultiviert werden. Bis vor 15 Jahren zog man Austernpilze sogar ausschließlich auf Holz.

Im Jahr 1897 wurden in Frankreich erste Anbauversuche unternommen. Man verstand sich bereits darauf, Austernpilz-Sporen auf Nährböden auskeimen zu lassen. Mit dem so gewonnenen Myzel wurden frisch geschlagene Holzstämme beimpft. Bald zog man auch in Thüringen, Ungarn und der Tschechoslowakei mit Erfolg Austernpilze. Inzwischen interessieren sich mehr und mehr Hobby-Kultivateure für diese Art der Austernpilz-Zucht.

Anbau im Garten

Der Austernpilz kann auf Baumstümpfen und auf Stammstücken von 15 bis etwa 50 cm Durchmesser und 30 bis 50 cm Länge kultiviert werden. Auf dünnerem Holz bilden Austernpilze nur wenige oder gar keine Fruchtkör-

per. Sein Myzel entwickelt sich auf den meisten Laubholzarten gut. Selbst auf Holzabfällen und Gülle-Sägemehl-Substrat wurden Austernpilze versuchsweise mit Erfolg gezogen.

Der Pilz scheint Buche zu bevorzugen. Neben Hainbuche und Rotbuche sind auch Pappel, Birke, Weide, Ahorn, Eberesche und Obstgehölze gut geeignet. An Weichhölzern wie Pappel und Birke können bei Frühjahrsbeimpfung die ersten Austernpilze manchmal noch im gleichen Herbst geerntet werden, sofern die Stämme mit dem Winter- oder Ganzjahrestyp beimpft wurden. Nach 3 bis 4 Jahren sind diese Kulturen erschöpft. Hartholz wird langsamer durchwachsen, bringt aber über 5 bis 7 Jahre Erträge.

Die Körnerbrut des Austernpilzes ist bei Temperaturen von 2 bis 4 °C etwa 3 bis 4 Wochen lagerfähig. Es empfiehlt sich wieder die im theoretischen Teil beschriebene Keimprobe. Die Brut ist empfindlich und muß mit äußerster Sauberkeit verarbeitet werden. Beimpft und eingemietet wird nach einer der vorher beschriebenen Methoden. Besonders im Herbst können in den Mieten Mäuse gefährlich werden, die Körnerbrut als Delikatesse schätzen.

Standort. Als endgültiger Standort für Austernpilz-Kulturen sind schattige Plätze im Garten unter Bäumen und Büschen, neben Hecken und an der Nordseite von Gebäuden geeignet. Von den 10 bis 15 cm tief eingegrabenen Stämmen wächst das Austernpilz-Myzel ungefähr 20 cm in die Erde und ergänzt die Versorgung der Pilze mit Wasser und Nährstoffen. Gute, humose Gartenerde scheint sich dabei positiv auf den Ertrag auszuwirken. Im Boden darf keine Staunässe herrschen, weil das Erdmyzel sonst ersticken würde.

Nach der Ansicht einiger Wissenschaftler erscheinen die ersten Austernpilze erst, wenn das Erdmyzel voll aus-

Der Sommer-Austernpilz bildet bei Temperaturen von 15 bis 25 °C Fruchtkörper.

gebildet wurde. Oft wachsen dann einige Pilze direkt aus dem Boden. Dieses Erdmyzel ist aber vielleicht auch Ursache für eine Bodenmüdigkeit, die gelegentlich beobachtet wurde. Deswegen sollte man Austernpilz-Kulturen nie ununterbrochen an der gleichen Stelle anlegen.

Aufstellung in Gräben. Der Ertrag der Kulturen ist noch zu steigern, wenn die Stämme in windgeschützten Gräben aufgestellt werden. Dort herrscht ein feuchtes Kleinklima, das die Pilze bevorzugen. Solche Gräben kann man auch künstlich anlegen, indem um die ganze Pilzanlage ein etwa 50 cm hoher Erdwall aufgeschüttet wird. Ein besonders günstiges Kleinklima entsteht, wenn man von einem Wall zum anderen Bretter o.ä. auflegt. Die Krone der Erdwälle sollte dabei die Enden der Pilzstämme um mindestens 20 cm überragen. Zu Regenzeiten kann noch mit Folie abgedeckt werden, bei Staunässe läuft das Myzel nämlich Gefahr, zu ersticken. Da Austernpilze für ein normales Wachstum Licht und Frischluft brauchen, muß man diese Abdeckung während der Erntezeit mindestens 10 cm anheben (s. Abb. unten).

Kultur. Wichtig ist, die Pilzanlagen gleich nach dem Aufstellen vor Schnekken zu schützen. Die gefräßigen Weichtiere vertilgen nicht nur die kleinen Fruchtkörper restlos, sondern oft auch noch alles Myzel an der Oberfläche der Stämme. Dadurch kann selbst gut durchwachsenes Holz kaum noch Erträge bringen.

Frost schadet dem bereits angewachsenen Myzel nicht mehr. Inzwischen hat man aber herausgefunden, daß sich an Stämmen, die während der Frostperioden mit Zweigen, Laub oder Stroh abgedeckt waren, früher Fruchtkörper bildeten als an ungeschützten.

Ab dem Frühling muß die Anlage wieder regelmäßig befeuchtet werden, zunächst etwa einmal die Woche, während der Erntephase dann am besten

Austernpilz-Kultur im Graben.

täglich. Man kann die Kulturen getrost einige Zeit sich selbst überlassen. Wird nicht gegossen, wachsen die Austernpilze nur bei feuchter Witterung.

Ernte, Ertrag. Die ersten Pilze bilden sich meist in der Nähe der Impfstellen oder auf der Schnittfläche. Es müssen natürlich die dafür geeigneten Temperaturen herrschen. Dies sind, wie bereits erwähnt, beim Wintertyp 4 bis 15 °C (s. Abb. Seite 78, 79), beim Ganzjahrestyp 6 bis 28 °C und beim Sommertyp 15 bis 25 °C (s. Abb. oben).

Zuerst erscheinen die Pilze als kleine weiße Nadelspitzen, einige Tage später kann man bereits den dunklen Hut erkennen. Bei günstiger Witterung werden sie in 10 Tagen zu erntereifen Exemplaren heranwachsen, manchmal dauert es auch 2 bis 3 Wochen. Austernpilze erscheinen an Holz ebenfalls meist in ganzen Büscheln. Sie sind erntereif, wenn sich der größte Teil der Hüte waagrecht ausgerichtet hat. Die Pilzbüschel werden dicht am Holz abgeschnitten.

Während der ersten beiden Erntejahre wird, jeweils in mehreren Wellen, die Hauptmasse der Fruchtkörper gebildet. Dann geht die Ausbeute langsam zurück. Im Laufe der Jahre stellen sich andere holzbewohnende Pilze wie die Porlinge ein. Dies ist ganz natürlich. Sie besiedeln nur Gewebezonen, die vom Austernpilz bereits ausgebeutet wurden. Die morschen abgetragenen Hölzer fallen schließlich in sich zusammen.

Austernpilze bringen auf Holz Erträge von 15 bis 20 % des Substratgewichts. Dabei ist zu bedenken, daß ein Buchenstamm (Hartholz) um ein Drittel schwerer ist als ein gleichgroßer Pappelstamm (Weichholz) und eine entsprechend größere Ernte bringen wird. Wie schon erwähnt, gibt es auch Unterschiede zwischen den Austernpilz-Typen: Der Sommertyp liefert einen etwas höheren Ertrag als der Wintertyp.

Anbau im Haus

Austernpilze können auch an Stammstücken auf dem Balkon, in leeren Garagen, Kellern, Waschküchen, Hobbyräumen und sogar ihm Wohnzimmer gezogen werden. Im letzteren Fall sollte man sich vorher aber unbedingt vergewissern, ob man nicht auf Austernpilz-Sporen allergisch reagiert.

Natürlich müssen bei dieser Kultur wieder einige Dinge beachtet werden: Der Raum sollte ausreichend hell und gut zu lüften sein, weil die Austernpilze sonst nur deformiert wachsen würden. Man muß einen Typ wählen, der bei den im Kulturraum herrschenden Temperaturen zur Fruchtkörperbildung kommt. In den stets warmen Wohnzimmern gedeiht der Sommertyp recht gut.

Der Winter-Austernpilz erscheint bei Temperaturen von 4 bis 15 °C.

Da der Austernpilz auf Holzstämmen aber nur mit Erdkontakt Fruchtkörper bildet, muß man die durchwachsenen Hölzer in ausreichend große, mit Erde gefüllte Blumentöpfe setzen. Deswegen werden für »Topfkulturen« besser nur Stämme mit 15 bis 20 cm Durchmesser verwendet.

Auch für Gartenbesitzer könnte eine Kultur im Haus interessant werden: Etwa im Spätherbst, wenn im Freien einige Stämme bereits erste Fruchtkörperanlagen zeigen, die aber wegen des einsetzenden Winterwetters voraussichtlich nicht mehr groß werden würden. Solche Stämme kann man vorsichtig (mit möglichst viel Erdmyzel) ausgraben, in Töpfe setzen und ins Haus bringen (s. Abb. Seit 80).

Für Pilzliebhaber ohne Garten besteht die Möglichkeit, nicht nur die Austernpilzkultur, sondern auch die Durchwachsphase, wie bereits beschrieben, in Räume zu verlegen. Einige Pilzbrutbetriebe bieten Selbstabholern bereits fertig durchwachsene Stämme an. Die haben zwar sicher ihren Preis, sie ersparen aber dem Hobbykultivateur den schwierigsten Abschnitt des Austernpilz-Anbaus auf Holz. Topfkulturen brauchen dann nicht mehr viel Pflege, man muß vor allem darauf achten, daß die Erde niemals austrocknet. Die Stämme sollten am Fenster nicht in der prallen Sonne stehen, weil dort die Temperaturen über die kritische 35 °C-Grenze steigen könnten.

Mißerfolge und ihre Ursachen

Wie schon bei der Austernpilz-Kultur auf Stroh erwähnt wurde, muß beim Beimpfen äußerst sauber gearbeitet werden. Wichtig ist auch eine gute Holzqualität. Verschimmelt in der Miete die Austernpilz-Brut, so hat man entweder unsauber gearbeitet, krankes Holz verwendet oder beides. Zu hohe Temperaturen (über 35 °C) in der Miete führen auch zum Absterben des Myzels. Dazu ist es möglich, daß Maden die Brut verderben, wenn die Impfstelle

Austernpilz-Kultur im Blumentopf.

nicht gut mit Folie abgedichtet wurde.

In der Miete können vor allem Mäuse gefährlich werden, während nach dem Aufstellen der Hölzer die gefräßigen Schnecken für einen völligen Ertragsausfall sorgen können, wenn man nicht rechtzeitig Maßnahmen dagegen ergreift. Von Maden werden Austernpilze selten befallen, sofern man sie nicht überreif werden oder Pilzteile stehen läßt.

Gelegentlich wurde beim Austernpilz-Anbau auf Stämmen Bodenmüdigkeit beobachtet. Deswegen sollte man mindestens 3 Jahre warten, bevor wieder an der gleichen Stelle eine Kultur angelegt wird.

Bilden die in abgedeckten Gräben oder in Räumen angebauten Austernpilze unproportional lange Stiele und kaum Hüte, so fehlt ihnen Licht, Frischluft oder beides.

Die Verwendung, Lagerung und Konservierung von Austernpilzen wurde bereits auf Seite 36 ausführlich besprochen.

Shii-take

Mancher Pilzliebhaber wird erstaunt sein, wenn er erfährt, daß der Shii-take *(Lentinus edodes)* nach dem Champignon der am meisten angebaute Pilz der Welt ist. Bis vor kurzem wurde er nämlich fast nur in Japan kultiviert und kam allerhöchstens im getrockneten Zustand nach Europa (s. Umschlagfoto, Abb. Seite 7, 82).

Aussehen

Die Hüte dieses Exoten erreichen Durchmesser von 5 bis 12 cm, manchmal sogar von 20 cm. Sie können hellbraun, rotbraun, dunkelbraun oder graubraun gefärbt sein. Die Huthaut ist von weißen bis braunen zottigen Schuppen bedeckt. Abhängig von der Witterung können sich auf ihr auch weiße, radiale Risse bilden. Die Hüte junger Pilze sind glockenförmig gewölbt. Mit der Reife werden sie waagrecht, besitzen aber immer noch einen leicht eingerollten, oft filzigen Rand. Bei überreifen Pilzen dreht sich der Rand nach oben. Die Lamellen sind weiß oder gelblich und werden im Alter bräunlich. Das Sporenpulver ist weiß. Die weißgrauen bis bräunlichen Stiele werden 3 bis 10 cm lang und bis zu 1,5 cm dick. Sie tragen zarte braune Schuppen. Das Fleisch ist weiß, fest und verfärbt sich bei Druck. Sein Geschmack und Geruch sind unverwechselbar und sehr aromatisch.

Übersicht Austernpilz-Anbau auf Holz

Zeitpunkt der Anlage	Holzarten	Beimpfung	Durchwachsphase	Ernte, Ertrag
Beimpfen der Stammstücke von April bis Mai (ausmieten im August), oder von August bis September (ausmieten im November) Beimpfen der Baumstümpfe von April bis Mai	besonders geeignet sind Rotbuche, Hainbuche, Pappel, Birke, Weide, Ahorn, Eberesche und Obstgehölze Durchmesser der Stämme 15 bis 50 cm, Länge der Klötze 30 bis 50 cm	bei Schnittimpfmethode 50 g Körnerbrut oder Impfpaste bzw. 2 Brutscheiben je Impfstelle (jeweils bei Stämmen mit etwa 20 cm Durchmesser) 1 Packung Brut reicht für 6 bis 8 Hölzer	Einmieten der Stämme vorteilhaft bei 18 bis 20 °C mindestens 2 Monate, bei 10 °C 3 bis 4 Monate Baumstümpfe benötigen bis zu 2 Jahre Hartholz wird langsamer durchsponnen als Weichholz	geeignete Typen können bei Frühjahrsbeimpfung an Weichholz noch im gleichen Herbst erscheinen, mehrere Wellen über 3 bis 4 Jahre an Hartholz 1. Ernte meist erst im folgenden Jahr, trägt dafür 5 bis 7 Jahre Baumstümpfe bilden fast immer erst im 2. Jahr Fruchtkörper, Kultur kann 10 bis 12 Jahre dauern Ertrag 15 bis 20 % des Holzgewichts

Heilwirkungen

In Japan wird der Pilz seit Jahrhunderten wegen seiner umfassenden Heilwirkungen angebaut. Dieses altüberlieferte Wissen wurde inzwischen durch zahlreiche Versuche bestätigt: So senkt der regelmäßige Genuß von Shii-take den Cholesteringehalt im Blut und in der Galle. Dadurch wird dieser Pilz besonders für Europäer interessant, die durch zu üppige Ernährung Probleme haben.

Im Shii-take finden sich aber noch mehr Substanzen, die den menschlichen Körper kräftigen. Eine von ihnen konnte in Experimenten die Vermehrung zahlreicher Viren hemmen, darunter waren die Erreger von Grippe und Polio. Die Japaner wußten allerdings schon vorher, daß der Shii-take die Abwehrkräfte des Körpers gegen Erkältungskrankheiten stärkt.

Der Shii-take enthält dazu den Wirkstoff Lentinan, der bei Mäusen die Ent-

Shii-take (Lentinus edodes).

wicklung bestimmter Tumore hemmte. Es ist noch nicht geklärt, wie weit diese Ergebnisse auf den Menschen übertragen werden können.

Im Shii-take finden sich aber auch noch die Vitamine B_{12} und D_2. Beide kommen in grünen Pflanzen nicht vor, sind aber sehr wichtig für die menschliche Ernährung, besonders bei Schwangeren.

Kein Wunder, daß bei vielen Japanern der Shii-take heute noch täglich auf dem Speiseplan steht. Er wird sogar als Erfrischungsgetränk angeboten: »Shiita-Cola« kann man dort aus fast jedem Getränkeautomaten ziehen. Die Japaner unterscheiden auch zwischen 2 Shii-take-Typen, dem dickfleischigen »donko« und dem dünnfleischigen »koshin«.

Kulturstämme

In der Versuchsanstalt für Pilzanbau in Krefeld wurden jahrelang 8 verschiedene Kulturstämme angebaut und getestet. Dabei stellte sich heraus, daß es auch Shii-take-Stämme mit sehr unterschiedlichen Temperaturansprüchen gibt: Die Sommerstämme bilden bei Temperaturen von 12 bis 25 °C Fruchtkörper, Winterstämme überwiegend bei

Diese Shii-take-Brut ist gut eingewachsen.

Temperaturen unter 10 °C. Es gibt noch Ganzjahresstämme, die bei Temperaturen von 5 bis 25 °C fruktifizieren, und Übergangsstämme, die vorwiegend im Frühjahr und Herbst bei Temperaturen zwischen 10 und 20 °C Ernten erwarten lassen. In der kühleren Jahreszeit bilden sich, unabhängig vom verwendeten Stamm, die dickfleischigen, im Sommer die dünnfleischigen Pilze.

Bis jetzt sind fast nur Übergangs- und Sommertypen erhältlich, das Angebot für den Hobbyanbauer dürfte sich aber bald erweitern. Werden verschiedene Kulturstämme verwendet, kann man Shii-take fast ganzjährig ernten.

Geschichte

Der Shii-take erscheint im Jahre 199 n. Chr. erstmals in japanischen Quellen. Damals brachten die Bewohner von Kyushu die bereits hoch geschätzten Shii-take dem Kaiser Chuai als Geschenk dar. Die Chinesen begannen schon vor fast 2000 Jahren mit dem Anbau des Shii-take.

Japanische Bauern übernahmen ihr Verfahren und entwickelten es weiter. Zuerst schlug man die Pilzsporen mit der Axt in die Baumstämme ein. Diese Methode lieferte keine überragenden Anwachsergebnisse. Das änderte sich erst Anfang dieses Jahrhunderts, als man es verstand, Reinkulturen des Shii-take auf einer Mischung aus Sägemehl und Reiskleie als Brut zu ziehen. Später wurde auch Holzbrut verwendet: Das waren myzeldurchwachsene Keile oder Stöpsel, die man in passende Löcher der Stämme schlug. Diese Impfmethode ist heute noch in Japan verbreitet.

In Deutschland versuchte man sich erstmals 1903 mit dem Shii-take-Anbau, erzielte jedoch nur bescheidene Ergebnisse. Mehr Erfolg war 3 Jahrzehnte später österreichischen Experimenten beschieden. Seitdem erlebt der Shii-take-Anbau in Europa einen langsamen aber stetigen Aufschwung. Vor allem bei Hobby- und Nebenerwerbskultivateuren ist er schon weit verbreitet. Experten sind sogar sicher, daß der Shii-take in Europa bald größere Bedeutung erlangen wird als der Austernpilz.

Anbau im Garten

Der Shii-take wird auf Stämmen junger Bäume, Baumspitzen und dicken Ästen (Knüppeln) angebaut, die einen Durchmesser von 8 bis 15 cm und eine Länge von 90 bis 120 cm haben sollten. In Japan zieht man ihn auf dem Holz des Shii-Baumes, das in Europa jedoch kaum erhältlich ist. Es eignen sich aber auch Eiche, Rotbuche, Hainbuche, Spitzahorn, Erle, Birke, Edelkastanie und Kirsche.

Am besten hat sich beim Shii-take die Schnittimpfmethode bewährt. An den langen Knüppeln werden 2 tiefe Einschnitte gemacht. Heute ist meist Kör-

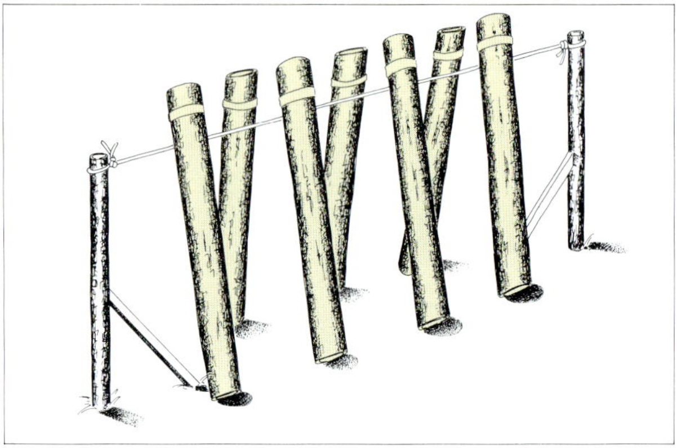

Aufstellen der Shii-take-Stämme.

nerbrut auf Hirsebasis im Handel. Im April, Mai oder Juni werden die Hölzer auf die bereits besprochene Art beimpft und eingemietet.

Bei Temperaturen um 20 °C durchwächst das Myzel in 3 bis 4 Monaten die Stämme und erscheint schließlich auf Rinde und Schnittflächen. Nun kann man die Miete öffnen und die durchwachsenen Knüppel aufstellen. Im Gegensatz zum Austernpilz brauchen Shii-take keinen Erdkontakt und bilden auch kein Erdmyzel aus. Am besten schlägt man an einem schattigen Platz im Garten 2 Pfähle in die Erde und spannt zwischen ihnen einen Draht oder eine Wäscheleine. Dagegen werden dann die Hölzer gelehnt, abwechselnd 1 von rechts und 1 von links (s. Abb. oben). Man kann auch jeweils 2 Latten kreuzweise zusammenbinden, aufstellen, und eine dritte Latte darauflegen. Wurden nur wenige Hölzer beimpft, können sie auch einfach an die Stämme von Obstbäumen o. ä. gelehnt werden. Es schadet aber keinesfalls, wenn man die Stämme wie beim Austernpilz beschrieben eingräbt.

Vor dem nächsten Frühjahr werden selbst an Weichholz kaum Fruchtkörper erscheinen. Die hierfür optimalen Temperaturen liegen je nach Kulturstamm zwischen 5 und 25 °C. Von ihrer japanischen Heimat sind Shii-take eine sehr hohe Luftfeuchtigkeit gewöhnt. Deswegen ist es günstig, wenn man die Anlage zwei- bis dreimal wöchentlich gießt oder beregnet. Die Fruchtkörper brechen aus der Rinde hervor und sind nach etwa 2 Wochen erntereif. Man schneidet sie dicht am Stamm ab, sobald der Hut flach ausgebreitet und der Rand nur noch leicht nach unten gebogen ist.

Ertrag. Einen deutlich höheren Ertrag kann man erzielen, wenn der Shii-take im Folien- oder Gewächshaus angebaut wird. Durch tägliches Beregnen ist es möglich, die Luftfeuchtigkeit gleichmäßig hoch zu halten. Unter diesen idealen Bedingungen können bis zu 20 Fruchtkörper gleichzeitig an einem Holz erscheinen. Im Sommer muß aber unbedingt ausreichend schattiert und belüftet werden, um hohe Temperaturen zu vermeiden – oder man quartiert die Stämme für die heißesten Monate einfach wieder aus.

Haben sich für 14 Tage später Gäste angesagt, denen man gerne eine Shii-take-Mahlzeit vorsetzen würde, so hilft oft ein kleiner Trick: Man taucht nur gut durchwachsene Stämme für 1 Tag in kaltem Wasser völlig unter. Dann wer-

Erntereife Shii-take.

den die Hölzer drei- bis viermal kräftig mit der Schnittfläche auf den Boden gestoßen, sie sollen dabei natürlich nicht zerbrechen. Das Untertauchen und der Wundreiz (das Myzel wird beim Klopfen etwas verletzt) begünstigt die Fruchtkörperbildung. 14 Tage später hat man dann mit einiger Sicherheit frische Pilze parat.

Shii-take erscheinen in mehreren, oft recht unterschiedlichen Erntewellen, gelegentlich auch nur einzeln. Auf Weichholz dauert die Kultur 3 bis 4, auf Hartholz 5 bis 7 Jahre. Der Ertrag beträgt 14 bis 18 % des Holzgewichts, wobei Eichenholz meist bessere Ausbeuten liefert.

Anbau im Haus

Auf dem Balkon und in Räumen, in denen zumindest diffuses Licht herrscht, können die mit Shii-take beimpften Stämme ebenfalls aufgestellt werden. Abhängig vom verwendeten Kulturstamm genügen schon Raumtemperaturen von 8 °C. Man muß in den Räumen aber auch bedenkenlos für ausreichende Luftfeuchtigkeit sorgen können.

Stockschwämmchen (Kuehneromyces mutabilis).

Einige Pilzbruthersteller bieten bereits fertig durchwachsene Hölzer an. Man kann sie auch, wie beim Austernpilz beschrieben, als Topfkultur ziehen. In jüngster Zeit wird Shii-take vor allem in Japan als Kurzkultur auf Sägemehl-Reiskleie-Substrat gezogen. Selbst auf sterilisierten Holzschnitzeln und in Folienbeuteln wuchsen sie zumindest schon in Versuchen. Vielleicht werden auch bald für den Hobbypilzanbauer Methoden entwickelt – oder Fertigkulturen angeboten – bei denen Holzabfälle als Substrat Verwendung finden.

Mißerfolge und ihre Ursachen

Beim Anbau im Freiland ist es wichtig, einen geeigneten Kulturstamm zu verwenden, der auch in unserem Klima

Übersicht Shii-take-Anbau

Zeitpunkt der Anlage	Holzarten	Beimpfung	Durchwachsphase	Ernte, Ertrag
April bis Juni	Eiche, Rotbuche, Hainbuche, Spitzahorn, Erle, Birke, Edelkastanie, Kirsche dicke Äste oder Baumspitzen mit 8 bis 15 cm Durchmesser und 90 bis 120 cm Länge	Schnittimpfmethode bringt die besten Ergebnisse 1 Packung reicht für 6 bis 8 Hölzer einmieten	bei 20°C etwa 3 bis 4 Monate dann ausmieten und kreuzweise aufstellen	optimale Temperatur je nach Typ zwischen 5 und 25°C 1. Ernte frühestens im nächsten Frühjahr mehrere, recht unterschiedliche Erntewellen über 3 bis 4 Jahre (Weichholz) bzw. 5 bis 7 Jahre (Hartholz) Ertrag 14 bis 18% des Holzgewichtes, größter Ertrag bei Eiche

wirklich gut gedeiht. Solche Typen sind mehr und mehr im Handel.

Shii-take-Brut ist lange nicht so empfindlich wie die von Austernpilzen. Schimmelbefall kommt fast nie vor. Eher ist darauf zu achten, daß die Impfstelle gut mit Folie abgedichtet wird. Sonst könnten Maden der Pilzfliege die Brut verderben.

Shii-take werden sonst kaum von Schädlingen heimgesucht, nur gegen die gefräßigen Schnecken müssen Maßnahmen ergriffen werden.

Verwendung, Lagerung, Konservierung

Von den frisch geernteten Shii-take trennt man die Stiele etwa 1 cm unterhalb der Lamellen ab, weil sie etwas zäh sind. Die sauberen Stiele wirft man aber beileibe nicht weg! Am besten werden sie getrocknet und zu aromatischem Pilzpulver zermahlen.

Frische Shii-take sind im Kühlschrank 5 bis 7 Tage haltbar. Die Pilze eignen sich besonders zum Trocknen. Ihr Aroma soll dadurch sogar noch gewinnen. Selbst als Trockenpilze senken sie noch den Cholesterinspiegel.
Die ganzen Shii-take werden am besten bei 45 °C im Backofen des Elektroherdes bei offener Türe getrocknet, bis man die Pilze brechen kann. In gut verschlossenen Behältern sind sie fast unbegrenzt haltbar.

Stockschwämmchen

Viele Kenner zählen das Stockschwämmchen *(Kuehneromyces mutabilis)* zu den wohlschmeckendsten Speisepilzen. Bei uns ist der zarte Pilz vom Frühjahr bis zum Herbst besonders aber im Sommer in ganzen Büscheln an den Stümpfen von Laubbäumen zu finden (s. Abb. oben).

Aussehen

Die hell- bis zimtbraunen Hüte erreichen Durchmesser von 3 bis 8 cm und besitzen eine dunklere Randzone. Die Hüte junger Pilze sind halbkugelförmig. Sie breiten sich mit der Reife aus, oft zeigt sich aber in der Mitte noch ein Buckel. Die gedrängt stehenden Lamellen sind zunächst gelblich, dann zimtbraun. Das Sporenpulver ist ockergelb. Der schmächtige beringte Stiel wird höchstens 5 mm breit und 6 bis 10 cm lang. Seine Farbe ähnelt der des Hutes, nur die Basis ist oft braun bis schwärzlich. Unterhalb des Ringes können sich Schuppen zeigen. Das Fleisch des Stockschwämmchens ist weißlich und mürbe. Es riecht und schmeckt angenehm aromatisch nach Pilzen.

In Japan wird noch der Nameko-Pilz *(Pholiota nameko)* angebaut. Er ist ein Verwandter unseres Stockschwämmchens. Seine orangen bis braunen Hüte erreichen Durchmesser von 10 cm, auch der Stiel ist dicker. Man zieht ihn auf Laubholzstämmen, die zur Fruchtkörperbildung flach auf die Erde gelegt werden, oder auf Sägemehlsubstrat. Nameko-Pilze wachsen bei Temperaturen von 10 bis 15 °C und hoher Luftfeuchtigkeit. Man verwendet sie vor allem zum Würzen von verschiedenen Gerichten. Brut von *Pholiota nameko* ist bei uns bis jetzt kaum erhältlich.

Geschichte

Mit dem Stockschwämmchen wurden in Deutschland Anfang dieses Jahrhunderts erste Anbauversuche unternommen, die keine nennenswerten Ergebnisse lieferten. Erst in den Notzeiten von 1943 bis 1945 erzielte man in Thüringen bedeutendere Erfolge. Die Nahrungsmittelknappheit hatte die Versuche vorangetrieben. Dabei fehlte es damals aber noch an mehr: Die Bleistiftindustrie konnte kein Zedernholz importieren, aus einheimischen Holzarten waren aber keine gut spitzbaren Bleistifte herzustellen. Was haben nun Stockschwämmchen und Bleistifte miteinander zu tun?

Man hatte bei den thüringischen Versuchen auch entdeckt, daß das von Stockschwämmchen abgebaute Holz weiß, aufgelockert und porös wurde, dennoch aber lange Zeit einen verhältnismäßig guten Zusammenhalt hatte. Stockschwämmchen wachsen nämlich vor allem in Richtung der Holzfaser und zerstören die zellulosehaltigen Querwände der Holzzellen zunächst nicht. Die Gerüstsubstanz des Holzes bleibt somit erhalten. Die Ansprüche des Stockschwämmchens waren damals bereits soweit erforscht, daß sein Myzel-Wachstum in Räumen durch geeignete Temperaturen und Feuchtigkeit gesteuert werden konnte.

Dadurch war der Weg frei für die Myko-Holz-Herstellung: Vor allem Buchen- und Birkenstämme wurden mit Stockschwämmchen-Brut beimpft. Unter günstigen Bedingungen ließ man das Holz durchwachsen. Schließlich wurde das Myzel abgetötet und zurück blieb ein gut spitzbares, vorzügliches Bleistiftholz! Nachdem es aber bis 1949 auch weder Stearinkerzen noch Dochte gab, wurden aus dem porösen Myko-Holz sogenannte Sparkerzen angefertigt: Man tränkte Pilzholz-Stäbchen

Die Impfstelle ist von Schimmelpilzen befallen.

einfach mit Paraffin. Heutzutage wird der Hobbykultivateur aber Stockschwämmchen vor allem anbauen, um daraus schmackhafte Gerichte zuzubereiten.

Anbau im Garten

Stockschwämmchen werden auf Baumstümpfen und auf Holzstämmen gezogen, die einen Durchmesser von 20 bis 50 cm und eine Länge von 30 bis 50 cm haben sollten. Versuchsweise wuchsen die Pilze aber auch auf Holzabfällen gut. Besonders geeignet sind Rotbuche, Hainbuche, Erle, Espe, Esche, Ahorn, Birke, Pappel, Weide, Roßkastanie und Eiche. Die beste Impfzeit liegt in den Monaten April, Mai und August. Für Baumstümpfe ist es vorteilhaft, wenn sie nur im Frühjahr beimpft werden. Bei Baumstämmen empfiehlt sich die Schnittimpfmethode, dadurch wächst das Myzel besonders rasch durch (s. Abb. Seite 90).

Für den Stockschwämmchen-Anbau wird heute Körnerbrut auf Hirsebasis angeboten. Erst seit ein paar Jahren versteht man sich auf ihre Herstellung. Vorher gab es nur Impfpaste oder von Myzel durchwachsene Pappscheiben zu kaufen. Man sollte gezielt nach besonders ertragreichen Stämmen fragen. 1 Packung Körnerbrut reicht für etwa 6 bis 8 Hölzer. Stockschwämmchen-Brut ist sehr empfindlich, deshalb sollte man beim Impfen äußerst sauber arbeiten und sie so wenig wie möglich mit den Fingern berühren.

Nach dem Impfen mietet man die

Stockschwämmchen-Kultur auf waagrecht eingegrabenen Stämmen.

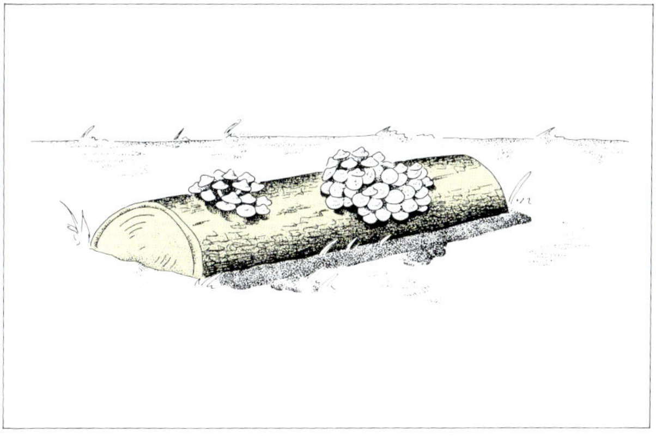

Stockschwämmchen-Kultur auf Baumstämmen.

Stämme auf eine der bereits beschriebenen Weisen ein. Die optimale Temperatur während der Durchwachsphase liegt zwischen 20 und 22 °C. Nach 3 bis 4 Monaten ist das Myzel so weit eingewachsen, daß die Hölzer ausgemietet werden können. Hölzer, deren Impfstellen von grünem oder grauem Myzel befallen sind, muß man aussondern.

Das Stockschwämmchen zählt wieder zu den Pilzarten, die unbedingt Erdkontakt brauchen und ein ausgeprägtes Erdmyzel bilden. Auch hier wurde schon Bodenmüdigkeit beobachtet. Man soll also nie zweimal hintereinander am gleichen Platz Stockschwämmchen anbauen. Die Stämme können nun, wie schon früher beschrieben, aufrecht stehend 10 bis 15 cm tief eingegraben werden. Einige Pilzzüchter schwören aber, daß Stockschwämmchen besonders gut wachsen, wenn man den Stamm waagrecht liegend (mit der Impfstelle nach oben) bis zur Hälfte eingräbt (s. Abb. Seite 89).

Das Stockschwämmchen stellt höhere Ansprüche an Boden- und Luftfeuchtigkeit. Deswegen muß man für diese Kultur einen besonders feuchten und schattigen Standort suchen und auch die Erde um die Stämme sollte nie austrocknen. Ein um die Anlage gezogener Erdwall, der noch, wie beim Austernpilz beschrieben, abgedeckt wird, wirkt sich ebenfalls günstig auf den Ertrag aus.

Das Stockschwämmchen-Myzel hat eine relativ lange Durchwachsphase. Auf Weichholz wird bei Frühjahrsbeimpfung die erste Ernte ins folgende Frühjahr fallen, auf Hartholz erst in den übernächsten Herbst. Auch Baumstümpfe können auf die bereits beschriebenen Arten mit Stockschwämmchen-Brut beimpft werden. Die Durchwachsphase dauert etwa 2 Jahre. Ein Schrägdach ist hier wieder sehr vorteilhaft.

Stockschwämmchen können bereits im April und bei mildem Wetter bis in

Übersicht Stockschwämmchen-Anbau

Zeitpunkt der Anlage	Holzarten	Beimpfung	Durchwachsphase	Ernte, Ertrag
April bis Mai (ausmieten im August) oder August (ausmieten im November) Baumstümpfe besser im Frühjahr beimpfen	Rotbuche, Hainbuche, Erle, Espe, Esche, Ahorn, Birke, Pappel, Weide, Roßkastanie, Eiche Stämme von 20 bis 50 cm Durchmesser und 30 bis 50 cm Länge Kultur auf Baumstümpfen möglich	Schnittimpfmethode vorteilhaft 1 Packung Brut reicht für 6 bis 8 Hölzer	Einmieten günstig, optimale Temperatur 20 bis 22°C nach 3 bis 4 Monaten ausmieten, Hölzer eingraben	optimale Temperatur zwischen 14 und 18°C Fruchtkörperbildung von April bis Dezember in mehreren Wellen auf Weichholz bei Frühjahrsbeimpfung 1. Ernte im folgenden Frühjahr, auf Hartholz im übernächsten Herbst, auf Baumstümpfen nach etwa 2 Jahren einige Kulturstämme liefern einen Ertrag von 30 bis 40% des Holzgewichts

den Dezember hinein erscheinen. Die optimale Temperatur für die Fruchtkörperbildung liegt zwischen 14 und 18°C. Am weißen Myzel werden sich zunächst braune Knötchen bilden. Innerhalb von 1 bis 2 Wochen wachsen sie zu erntereifen Pilzen heran. Sinkt bei sommerlichen Temperaturen die Luftfeuchtigkeit unter 75%, beginnen die Hüte auszutrocknen. Gießen schafft hier rasch Abhilfe.

Stockschwämmchen wachsen in ganzen Büscheln heran, wobei zahlreiche Stiele an der Basis zusammengewachsen sind. Man schneidet das ganze Büschel dicht am Holz ab, sobald sich der größere Teil der Hüte ausgebreitet hat. Die zähen, dünnen Stiele werden nicht verwendet, man trennt sie unmittelbar unter den Hüten ab. Die Kultur kann auf Weichholz bis zu 5, auf Hartholz bis zu 8 Jahre, auf Baumstümpfen gut ein Jahrzehnt dauern. Die ertragreichsten Kulturstämme liefern eine Ausbeute von 30 bis 40% des Holzgewichts. Deshalb sollte das Stock-

Unten: Samtfuß-
rüblinge in der
freien Natur.

schwämmchen von den Hobbypilzanbauern nicht mehr länger so stiefmütterlich behandelt werden.

Anbau im Haus

Das Stockschwämmchen kann durchaus auf dem Balkon und in geschlossenen Räumen gezogen werden. Dort sollten aber Temperaturen von 14 bis 18 °C und eine Luftfeuchtigkeit von etwa 90 % herrschen bzw. geschaffen werden. Auch Licht und Frischluft ist nötig. Bei völliger Dunkelheit bilden Stockschwämmchen nämlich keine Fruchtkörper, bei einem zu hohen CO_2-Gehalt nur rudimentäre Hüte. Da Stockschwämmchen unbedingt Erdkontakt brauchen, empfiehlt sich wieder die schon vorher beschriebene Topfkultur.

Mißerfolge und ihre Ursachen

Zeigt sich an den Impfstellen Schimmelbefall, so wurde unsauber beimpft oder krankes Holz verwendet (s. Abb. Seite 89). Bilden sich bei der Kultur in abgedeckten Gräben oder in Räumen nur rudimentäre Hüte, fehlt Frischluft und oft auch Licht.

Maden befallen Stockschwämmchen kaum, sofern man diese nicht überreif werden läßt. Der aromatische Geruch

lockt aber gerne Schnecken, Wühlmäuse, sogar Vögel und Hühner an. Gegen Schnecken helfen die bereits geschilderten Maßnahmen, gegen die anderen ungebetenen Gäste notfalls ein feines Gitter.

Verwendung, Lagerung, Konservierung

Man verwendet nur die Hüte; sie liefern besonders aromatische Suppen und Saucen. Stockschwämmchen halten sich im Kühlschrank 4 bis 6 Tage. Sie können eingefroren werden, eignen sich aber ausgesprochen gut zum Trocknen.

Samtfußrübling

Der Samtfußrübling *(Flammulina velutipes)* wird auch Winterpilz genannt, weil er erst bei Temperaturen unter 15 °C wächst. Etwa von September bis April erscheint er büschelweise an Stümpfen von Laubbäumen (s. Abb. links).

Aussehen

Die Hüte dieses zierlichen Pilzes sind honiggelb, orangegelb oder auch rostbraun, in der Mitte dunkler und erreichen Durchmesser von 3 bis 8 cm. Ihre Oberfläche ist meist klebrig. Ihr Rand ist zunächst nach unten gewölbt, er richtet sich mit der Reife waagrecht aus. Die entfernt stehenden Lamellen sind ockergelb, später rötlich, das Sporenpulver ist weiß. Die dünnen Stiele sind an der Spitze gelb bis rotbraun, an der Basis dunkelbraun bis schwärzlich gefärbt und werden 3 bis 10 cm lang. Ihre Oberfläche fühlt sich angenehm samtig an; diesem Umstand verdankt der Pilz auch seinen Namen.

Das Fleisch ist weißlich bis gelblich, sein Geruch erinnert etwas an Fisch. Es schmeckt angenehm mild bis schwach säuerlich. Wegen seines Aromas und seiner gesundheitsfördernden Wirkung wird der Samtfußrübling in Japan sehr geschätzt. Er zählt dort nach dem Shiitake zu den wichtigsten Kulturpilzen.

Ebenso wie der Shii-take scheint der Samtfußrübling krebshemmende Wirkstoffe zu enthalten. Japanische Tierversuche lieferten jedenfalls entsprechende Ergebnisse. Wie weit diese auf den Menschen übertragbar sind, muß erst noch eingehender erforscht werden. Die Kultur des Samtfußrüblings ist auf alle Fälle sehr einfach und man kann dadurch selbst im Freien auch im Winter frische Pilze ernten.

Anbau im Garten

Samtfußrüblinge kultiviert man auf Laubholzstämmen und -stümpfen. Geeignet sind Esche, Pappel, Weide, Erle, Birke, Linde, Robinie, Walnuß, Roßkastanie und Buche. Die Stämme sollten 15 bis 50 cm Durchmesser erreichen und 30 bis 50 cm lang sein.

Samtfußrübling-Brut wird heute meist als Körnerbrut auf Hirsebasis angeboten. 1 Packung reicht bei der Schnittimpfmethode für 5 bis 8 Hölzer. Anfang dieses Jahrhunderts wurde aber noch eine viel einfachere Impfmethode angewandt: Man legte einfach reife, schleimige Samtfußrübling-Hüte auf

Baumstümpfe oder rieb sie in die Schnittfläche ein. Selbst bei frisch geschlagenem Holz konnten dadurch ansehnliche Erfolge erzielt werden. In der älteren Literatur wird der Samtfußrüb ling auch oft zu den Parasiten gerechnet, die lebendes Holz befallen können. Einige Pilzzüchter raten daher, Samtfußrübling-Kulturen zumindest nicht direkt neben Eschen oder Obstbäumen anzulegen. Bis jetzt ist aber noch kein Fall bekannt geworden, bei dem sich Samtfußrüblinge in lebenden Gartenbäumen eingenistet hätten.

Die beste Impfzeit sind die Monate April, Mai und September. Die Stämme werden danach auf eine der besprochenen Arten eingemietet. Bei durchschnittlichen Temperaturen von 20 °C wird das Myzel in 3 bis 4 Monaten gut einwachsen und an den Schnittstellen erscheinen. Die Stämme mietet man dann aus und gräbt sie an einem schattigen Platz senkrecht etwa 10 bis 15 cm tief ein.

Auch hier kann die Brut an den Impfstellen von Schimmelpilzen oder Maden (s. Abb. oben) heimgesucht werden, wenn unsauber gearbeitet oder die Folie nicht eng anliegend befestigt wurde. Der Samtfußrübling besitzt aber eine unheimliche Durchsetzungskraft: Sofern die Brut nicht restlos befallen wurde, kann die Kultur durchaus noch angehen. Es wird aber etwas länger dauern, bis die ersten Pilze erscheinen. Wegen der Ansteckungsgefahr sollte man solche Stämme aber nie direkt neben anderen Pilzkulturen aufstellen.

Auf Weichholz und bei Frühjahrsbeimpfung erscheinen die ersten Samtfußrüblinge mit einiger Sicherheit bereits im folgenden Herbst und Winter, bei Herbstbeimpfung meist im nächsten Frühjahr. Die optimalen Temperaturen für die Fruchtkörperbildung liegen bei 8 bis 12 °C. Frostperioden schaden den Pilzen nicht. Oft gefrieren sie beinhart, wachsen aber nach dem Auftauen unverzagt wieder weiter. Sie werden dadurch keinesfalls ungenießbar. Eingeschneite Stämme sollte man ab und zu kontrollieren, ob nicht unter der Schneedecke (s. Abb. oben) gerade wieder eine Erntewelle heranwächst. Die ganzen Büschel werden dicht am Stamm abgeschnitten. Man verwendet nur die Hüte.

Ebenso wie die Austernpilze können Samtfußrüblinge nach den bereits beschriebenen Methoden auch auf Baumstümpfen angebaut werden. Die beimpften Stämme und Stümpfe brauchen sehr wenig Pflege. Während der

Links: Von Fliegenmaden befallene Samtfußrübling-Brut. Rechts: Samtfußrüblinge wachsen bei frostfreier Witterung sogar im Schnee.

Sommermonate sollte man sie ab und zu gießen. Wurde die Kultur unter Laubbäumen angelegt, muß nach dem Laubfall geprüft werden, ob die Hölzer wirklich weiterhin vor direkter Sonneneinstrahlung geschützt sind. Ist dies nicht mehr der Fall, wären einfache Schutzdächer vorteilhaft.

Die Kultur dauert an Weichholz 3 bis 4, an Hartholz 5 bis 7 Jahre, auf Baumstümpfen etwa 1 Jahrzehnt. Die Ausbeute beträgt 10 bis 15 % des Holzgewichts. Samtfußrüblinge lassen sich sehr leicht kultivieren und liefern meist einen schnell sichtbaren Erfolg. Deswegen sind sie ein ideales Objekt für Pilzanbau-Neulinge.

Anbau im Haus

Samtfußrüblinge können auf dem Balkon und in geschlossenen Räumen kultiviert werden, sofern dort Temperaturen unter 15 °C herrschen. Der Pilz braucht zur Fruchtkörperbildung nicht unbedingt Licht. Bei völliger Dunkelheit wächst er bleich und weiß, bei schwachem Dämmerlicht honiggelb. Die durchwachsenen Stämme werden am günstigsten als Topfkultur gezogen (vgl. Austernpilz-Anbau Seite 79).

Kultur auf Sägemehl-Weizenkleie-Substrat

In Japan wird der Samtfußrübling vorwiegend auf Sägemehl-Reiskleie-Substrat angebaut. Dieses Verfahren kann auch bei uns in Räumen sehr gut nachvollzogen werden. Reiskleie wird zwar schwer zu bekommen sein, Weizenkleie ist aber genauso verwendbar. Diese kann man in Packungen von 250 g in fast jedem Lebensmittelgeschäft kaufen – Mühlen geben sie manchmal bedeutend günstiger ab. Dann wird noch frisches, sauberes Sägemehl von Laubbäumen benötigt, das keine Holzbehandlungsmittel enthalten darf. Man kann z. B. das Sägemehl, das beim Zerschneiden der Pilzstämme anfällt, und übriggebliebene Brut verwenden. Sägemehl ist aber auch bei Sägewerken, Schreinern oder in Metzgerei-Bedarfsgeschäften erhältlich (s, Abb. Seite 96).

Man mischt 4 Teile Sägemehl mit 1 Teil Weizenkleie. Das Substrat wird vorsichtig befeuchtet. Man verwendet es relativ trocken, ein Wassergehalt von 60 bis 65 % ist optimal. Körnerbrut wird im Anteil von 1 Gew.-% untergemengt.

In Japan kultiviert man Samtfußrüblinge in Weithalsflaschen aus Kunststoff, die 1 l fassen. Entsprechend große Einmachgläser oder auch flache Kunststoffschalen sind genauso geeignet. Die optimale Temperatur beträgt während der Durchwachsphase 25 °C. Man schließt die Kulturgefäße mit Folie, in die einige Luftlöcher gebohrt wurden und stellt sie für 5 bis 6 Wochen an einen entsprechend warmen Ort.

Nach Abschluß dieser Phase setzt man in Japan etwa 15 cm hohe Papiermanschetten auf die Flaschenhälse. Dadurch bekommen die sich nun entwikkelnden Fruchtkörper unverhältnismäßig lange und zarte Stiele, die im Gegensatz zu den an Holz gewachsenen verwendet werden können. Vor der Ernte entfernt man die Papiermanschette und schneidet das ganze Bündel dicht über dem Flaschenhals ab. Wer Samtfußrüblinge in Weckgläsern oder Weithalsfla-

Samtfußrübling-Kultur auf Sägemehl-Weizenkleie-Substrat.

schen zieht, kann diesen Trick sehr gut nachmachen. Nach der Durchwachsphase müssen die Gefäße unbedingt an einen kühleren Ort kommen, wo Temperaturen unter 15 °C herrschen.

Bei der Samtfußrübling-Kultur gibt es jedoch noch einen Kniff: Durch einen Kälteschock kann die Fruchtkörperbil dung direkt programmiert werden. Die durchwachsenen Gefäße kommen zuerst für 3 Stunden ins Gefrierfach oder während einer Frostnacht ins Freie. Dann stellt man sie an einen kühlen Ort. Erst nach 2 bis 3 Tagen darf die Temperatur wieder langsam 12 °C erreichen. 3 bis 4 Tage später erscheinen die kleinen Pilze. Fruchtkörper bilden sich natürlich auch ohne diesen Kniff, aber dann nicht so vorhersehbar.

Meist gibt es 3 Erntewellen, die im Abstand von etwa 2 Wochen folgen, dann ist das Substrat erschöpft. Nach jeder Welle sollte die Kultur mit dem Wassersprüher vorsichtig befeuchtet werden. Von 1 l Nährgrundlage können 80 bis 100 g Pilze geerntet werden. Das ergibt einen Ertrag von 30 bis 40 % des Substrattrockengewichts. Der Samtfußrübling würde also wirklich mehr Aufmerksamkeit verdienen.

Mißerfolge und ihre Ursachen

Samtfußrübling-Kulturen gehen fast immer an, selbst wenn die Impfstellen teilweise von Schimmelpilzen oder Maden befallen werden. Auch mit Schädlingen gibt es zur kalten Jahreszeit kaum Probleme.

Verwendung, Lagerung, Konservierung

Samtfußrüblinge aus Flaschenkultur besitzen zarte, verwendbare Stiele, von Freiland-Pilzen nimmt man nur die Hüte. Sie ergeben eine gute Suppe. Im Kühlschrank halten sich Samtfußrüblinge 4 bis 6 Tage. Sie eignen sich auch zum Einfrieren und Trocknen.

Übersicht Samtfußrübling-Anbau

1. Kultur auf Baumstämmen und -stümpfen

Zeitpunkt der Anlage	Holzarten	Beimpfung	Durchwachsphase	Ernte, Ertrag
April, Mai (ausmieten im August) oder September (ausmieten im November) Baumstümpfe besser im Frühjahr beimpfen	Esche, Pappel, Weide, Erle, Birke, Linde, Robinie, Walnuß, Roßkastanie, Eiche und Buche Stämme von 15 bis 50 cm Durchmesser und 30 bis 50 cm Länge	Schnittimpfmethode vorteilhaft 1 Packung Körnerbrut reicht für 5 bis 8 Hölzer	Einmieten günstig Temperaturen um 20 °C nach 3 bis 4 Monaten ausmieten und aufrecht eingraben	optimale Temperaturen 8 bis 12 °C mehrere Wellen von September bis April auf Weichholz 1. Ernte bei Frühjahrsbeimpfung oft schon im folgenden Herbst, bei Herbstbeimpfung im nächsten Frühjahr Ertrag über 4 bis 7 Jahre 10 bis 15 % des Holzgewichts

2. Kultur auf Sägemehl-Weizenkleie-Substrat

Zeitpunkt der Anlage	Substrat	Beimpfung	Durchwachsphase	Ernte, Ertrag
in geschlossenen Räumen ganzjährig	4 Teile frisches, sauberes Sägemehl von Laubbäumen, 1 Teil Weizenkleie optimaler Wassergehalt 60 bis 65 %	1 Gew.-% Körnerbrut untermischen	5 bis 6 Wochen bei 25 °C	Temperaturen wie oben 3 Erntewellen im Abstand von etwa 2 Wochen Ertrag 30 bis 40 % des Substrattrockengewichts

Südlicher Schüppling (Agrocybe aegerita).

Die beringten Stiele sind weiß bis blaßbraun, fest und hart. Sie werden bis zu 1,5 cm breit und bis zu 15 cm lang. Sie verjüngen sich am Grund und sind meist zu ganzen Büscheln verwachsen. Das Fleisch ist fest, und weiß bis blaßbraun gefärbt. Sein Geruch erinnert an ranziges Mehl, es schmeckt aber äußerst aromatisch.

Südlicher Schüppling

Wie schon der Name vermuten läßt, stellt der Südliche Schüppling *(Agrocybe aegerita)* relativ hohe Wärmeansprüche. Bei uns wächst er nur gelegentlich in Weinbaugebieten büschelweise an Pappelstümpfen.

Aussehen

Seine Hüte können ziegelrot, blaßfuchsig oder gelbbraun gefärbt sein und erreichen Durchmesser von 4 bis 12 cm. Junge Hüte sind zuerst halbkugelig, sie flachen dann ab. Die dunklere Mitte kann später sowohl niedergedrückt als auch leicht gebuckelt sein. Die Oberfläche ist oft rissig, der Hutrand gelegentlich fast weiß. Die sehr feinen Lamellen sind zuerst weißlich, dann ocker- bis tabakbraun. Das Sporenpulver ist von gleicher Farbe.

Geschichte

Der Südliche Schüppling zählt zu den ältesten Kulturspeisepilzen. Schon die Römer schätzten ihn neben dem Champignon, dem Kaiserling und der Trüffel sehr hoch ein. Die antiken Schriftsteller Dioscorides und Plinius erwähnen bereits erste Kulturversuche. Die Schüpplingsanbauer verfuhren damals denkbar einfach: Sie legten reife Hüte auf Stammstücke und Stümpfe. Man wartete dann ab, bis die Sporen auskeimten und das Holz durchwuchsen. In warmen Klimaten funktionierte diese Methode einigermaßen. Heute noch wird der Südliche Schüppling vor allem in Süditalien angebaut. Die Römer waren weltberühmte Feinschmecker. Deshalb sollte man sich auch in unseren Breiten etwas eingehender mit der Kultivierung dieses Pilzes befassen.

Anbau im Garten

Der Südliche Schüppling kann auf Stämmen von 15 bis 50 cm Durchmesser und 30 bis 50 cm Lange sowie auf Baumstümpfen gezogen werden. Bisher kommt nur Pappel- und Weidenholz in Frage. Selten erscheinen Südliche Schüpplinge auch an Holunder und

Übersicht Schüppling-Anbau

Zeitpunkt der Anlage	Holzarten	Beimpfung	Durchwachsphase	Ernte, Ertrag
Stämme im Mai oder Juni beimpfen (ausmieten im August), Baumstümpfe im Mai	Pappel, Weide Stämme von 15 bis 30 cm Durchmesser und 30 bis 50 cm Länge Kultur auf Baumstümpfen möglich	1 Packung Brut reicht für 5 bis 8 Stämme	Einmieten vorteilhaft bei Temperaturen um 20 °C etwa 3 bis 4 Monate dann Stämme aufrecht eingraben	Fruchtkörperbildung bei 15 bis 35 °C in mehreren Wellen vom Frühsommer bis in den Herbst Auf Stämmen 1. Ernte meist bereits im Herbst Ertrag in 3 bis 5 Jahren 10 bis 15 % des Holzgewichts

Rotbuche. Die Eignung dieser beiden Arten für die Kultur ist noch nicht eingehend erforscht.

Die Stämme werden am besten im Mai und Juni beimpft, Baumstümpfe im Mai. Brut des Südlichen Schüpplings bieten inzwischen einige Hersteller an. 1 Packung reicht, je nach Stammdurchmesser, für 5 bis 8 Stämme.

Beimpft und eingemietet werden die Stämme wieder nach einer der eingangs beschriebenen Methoden (s. Seite 66). Bei Temperaturen um 20 °C durchwächst das Myzel in 3 bis 4 Monaten das Holz. Die durchwachsenen Stämme kommen an einen schattigen Platz im Garten. Dort sollten sie aufrecht stehend 10 bis 15 cm tief eingegraben werden. Die Kulturen dürfen nun nicht mehr austrocknen. Für die Fruchtkörperbildung sind mindestens Temperaturen von 15 °C nötig. Bei 18 °C kommt sie dann so richtig in Gang und hört erst bei Temperaturen über 35 °C auf. Ist der folgende Herbst warm, können bei der Stammkultur bereits die ersten Schüpplinge erscheinen. Auf Baumstümpfen dauert es noch bis zum nächsten Frühsommer. Von Mai bis Oktober wachsen sie dann in mehreren Wellen.

Man schneidet die ganzen Pilzbüschel dicht an der Holzoberfläche ab, sobald sich der größte Teil der Hüte ausgebreitet hat. Mit einem zweiten Schnitt werden die Stiele dicht unter dem Hut abgetrennt, sie sind hart und nicht verwendbar. Die Kultur dauert 3 bis 5 Jahre und liefert einen Ertrag von 10 bis 15 % des Holzgewichts.

Wegen der hohen Temperaturansprüche lassen sich Südliche Schüpplinge auch sehr gut auf Stämmen im Gewächshaus ziehen. Versuchsweise wuchsen die Pilze sogar schon auf einem Substratgemisch aus Pappelsägemehl und Kleie, bis jetzt wurde aber für Hobbypilzanbauer noch kein praktikables Verfahren entwickelt.

Anbau im Haus

Auf dem Balkon und in Räumen kann der Südliche Schüppling angebaut werden, wenn dort Temperaturen von über 15 °C herrschen. Bis heute wurde noch nicht untersucht, ob der Pilz zur Fruchtkörperbildung Licht benötigt. Vorsichtshalber sollte man davon ausgehen, daß es so ist. Die durchwachsenen Stämme werden wieder, wie bei der Austernpilz-Kultur beschrieben, in ausreichend große, mit Erde gefüllte Blumentöpfe gesetzt. Die Erde sollte auch hier nicht austrocknen.

Mißerfolge und ihre Ursachen

Es gibt bei der Schüppling-Kultur kaum Probleme mit Krankheiten und Schädlingen. Nur gegen die gefräßigen Schnecken müssen wieder einmal Maßnahmen ergriffen werden.

Verwendung, Lagerung, Konservierung

Man verwendet nur die Hüte des Südlichen Schüpplings. Sie ergeben eine aromatische Suppe. Im Kühlschrank halten sich die Pilze 4 bis 6 Tage. Sie können tiefgefroren, getrocknet oder eingemacht werden.

Judasohr

Liebhaber der chinesischen Küche bekamen vielleicht schon öfter als Beilage schwarze, knorpelige Pilzstreifen serviert, die gerne fälschlich als »Chinesische Morcheln« bezeichnet werden. Diese nicht gerade billige Delikatesse heißt richtig Judasohr *(Auricularia auricula-judae)*. Wegen ihrer bizarren Wuchsform wird sie auch Wolkenohrpilz genannt. Kenner jedoch können diesen Pilz zumindest in Süddeutschland fast das ganze Jahr über sammeln. Er wächst bevorzugt auf alten, abgestorbenen Holunderstämmen, erscheint aber auch auf anderen Laubholzarten wie Ahorn oder Ulme. Er tritt vor allem ab August in größeren Mengen auf.

Aussehen

Die rötlich-braunen, violett-grauen oder fast schwarzen Fruchtkörper sind jung schüsselförmig und erreichen einen Durchmesser von 3 bis 8 cm. Ältere Exemplare entwickeln eine unregelmäßige, oft ohrenähnliche Form, gelegentlich bilden sich auch mehrere Lappen. Die Innenseite ist glatt, die Außenseite meist rauh. Die gallertigen Fruchtkörper sitzen mit einem kurzen Stielchen am Holz fest. Das Hutfleisch ist dünn, knorpelig und ohne besonderen Geruch und Geschmack.

Geschichte

Schon im 3. Jahrhundert v. Chr. wurde dieser Pilz in China geschätzt und verzehrt. Dort heißt er »Mu-Err«, was man mit »Ohr des Baumes« übersetzen kann. Die alten Chinesen kannten bereits 5 verschiedene Arten, die während der Regenperioden gesammelt und getrocknet wurden. In Japan, China und Taiwan baut man heute das Judasohr und andere nahe verwandten Arten wie zum Beispiel *Auricularia polytricha* auf dünnen Stämmen verschiedener Laubhölzer an.

Bei uns wurden die »Holunderschwämme« jahrhundertelang als Heilmittel verwendet. Man legte sie auf entzündete Augen oder bereitete aus ihnen einen Aufguß zum Gurgeln, der bei Hals-und Rachenerkrankungen helfen sollte. Diese Anwendungen sind inzwischen nicht mehr üblich. Vielleicht erhält Judasohr-Extrakt aber bald wieder eine gewisse Bedeutung als Heilmittel: Ganz neue Untersuchungen brachten nämlich an den Tag, daß dieser Pilz antithrombotisch wirksame Substanzen enthält.

In Japan und Taiwan wird noch der Weiße Gelee-Pilz *(Tremella fuciformis)* angebaut, auch »Silberohr« genannt. Ihm sagt man ebenfalls Heilwirkungen nach. Er wächst auf dünnen Stämmen und Ästen von sehr vielen Laubholzarten. In Taiwan stellt man aus seinen zerteilten Fruchtkörpern ein Getränk her: Diese werden mit heißem Zuckerwasser übergossen und dann noch Kirsch- oder Ananasstückchen zugesetzt. Der Anbau des Weißen Gelee-Pilzes wurde im Gegensatz zu dem des Judasohrs in Deutschland noch kaum durchgeführt.

Anbau im Garten

Das Judasohr gedeiht am besten auf Ästen oder Stammabschnitten von etwa 15 cm Durchmesser und 1 m Länge. Geeignet sind Schwarzer Holunder, Ahorn, Ulme und auch andere Laubholzarten. Der beste Zeitpunkt für die Beimpfung liegt in den Monaten April und Mai. Brut des Judasohrs ist zur Zeit noch schwer zu bekommen. Es empfiehlt sich wieder die Schnittimpfmethode, wobei je Holz 2 Einschnitte gemacht werden.

Die beimpften Äste oder Stammabschnitte mietet man dann auf eine der beschriebenen Arten ein. Sie werden bei Temperaturen um 20 °C in 2 bis 3 Monaten vom Myzel durchwachsen

Judasohr (Auricularia auricula-judae).

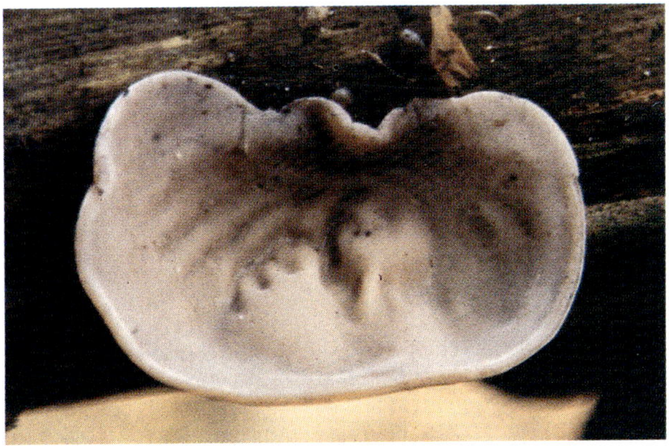

sein. Dann mietet man die Hölzer aus und stellt sie an einem schattigen Platz kreuzweise (vgl. Shii-take Seite 84) auf oder lehnt sie an die Stämme von Bäumen.

Bei feuchtem und mildem Wetter können schon im Spätsommer die ersten Fruchtkörper erscheinen. Die idealen Temperaturen hierfür betragen 18 bis 23 °C, die optimale Luftfeuchtigkeit über 90 %. Wenn man die Hölzer regelmäßig begießt, werden nach kürzeren Ruhepausen immer wieder Pilze wachsen. Spätestens, wenn sich an der Unterseite der Pilze weiße Sporen zeigen, schneidet man die Judasohren dicht am Holz ab. Die Kultur dauert etwa 3 bis 5 Jahre und liefert einen Ertrag von 12 bis 14 % des Holzgewichts.

In China und Japan wird das Judasohr auch auf einem sterilisierten Gemisch aus Sägemehl und Reiskleie in Plastikbeuteln kultiviert. Ein vergleichbares, für Hobbyanbauer praktikables Verfahren ist noch nicht entwickelt worden. Über die Ursachen von Mißerfolgen liegen ebenfalls kaum Kenntnisse vor.

Verwendung, Lagerung, Konservierung

In der chinesischen Küche wird das Judasohr gebraten, geschmort und vor allem mit Fleisch, Fisch oder Gemüse gedünstet. Zur Haltbarmachung trocknet man die ganzen Pilze. Sie sehen dann fast schwarz aus und haben eine helle Unterseite. Werden sie in warmes Wasser gelegt, quellen sie auf und nehmen nach etwa 1 Stunde wieder die alte Form, Farbe und Konsistenz an.

Graublättriger Schwefelkopf

Besonders im Herbst erscheint der Graublättrige Schwefelkopf *(Hypholo-*

Graublättriger Schwefelkopf (Hypholoma capnoides).

ma capnoides) meist büschelweise an Nadelholzstümpfen. Die zarten, gelben oder blaßocker gefärbten Hüte werden 5 bis 8 cm breit. Die Lamellen sind rauchgrau oder graublau, auf alle Fälle nie grün oder gelb. Dieses Merkmal unterscheidet diese Art vom schwach giftigen Grünblättrigen Schwefelkopf. Die gelben bis dunkelbraunen Stiele werden 3 bis 8 cm lang. Das Fleisch ist weiß, riecht etwas streng, schmeckt aber sehr mild. Der eigentlich unscheinbare Graublättrige Schwefelkopf wird durch die Tatsache interessant, daß er auf Fichten- und Kiefernholz wächst (gelegentlich noch auf Buche). Für den Hobbypilzanbau eignen sich sonst kaum Arten, die auf Nadelholz gedeihen.

Anbau im Garten

Der Graublättrige Schwefelkopf wird am besten auf Kiefern- oder Fichtenholz gezogen, auch Buche wäre möglich. Geeignet sind Stämme von 15 bis 50 cm Durchmesser und 30 bis 50 cm Länge. Der Anbau auf Baumstümpfen dieser Arten ist ebenfalls durchführbar. Die beste Zeit für den Kulturbeginn sind die Monate April und Mai. Die Hölzer werden auf eine der beschriebenen Weisen beimpft und eingemietet. Nach 3 bis 4 Monaten Durchwachszeit mietet man die Stämme wieder aus und gräbt sie an einem schattigen Platz aufrecht stehend 10 bis 15 cm tief ein. Sie sollten möglichst nie austrocknen.

Schon im Herbst können die ersten Pilze erscheinen. Der Graublättrige Schwefelkopf bildet das ganze Jahr hindurch in mehreren Wellen Fruchtkörper. Sie werden dicht am Holz abgeschnitten. Mit einem zweiten Schnitt direkt unter dem Hut entfernt man die unbrauchbaren Stiele. Die Kultur dauert 3 bis 6 Jahre, der Ertrag beträgt 10 bis 14 % des Holzgewichts. Über die Ursachen von Mißerfolgen und die Lagerfähigkeit liegen noch keine gesicherten Erkenntnisse vor.

Mykorrhiza-Pilze

Der größte Wunsch vieler Pilzfreunde wäre der Anbau von Steinpilzen und Pfifferlingen. Diese beiden Arten zählen aber zu den eingangs erwähnten Mykorrhiza-Pilzen, die in Symbiose mit höheren Pflanzen leben. So findet man kaum Waldbäume, deren Seitenwurzeln nicht dicht von Myzel umsponnen wären. Die Hyphen des Pilzes verbessern die Wasser- und Nährstoffaufnahme des Baumes. Als Gegenleistung erhält der Pilz vom Baum verschiedene organische Verbindungen, über deren Zusammensetzung wir noch nicht genau Bescheid wissen. Ohne diese Substanzen scheinen Steinpilze und Pfifferlinge keine Fruchtkörper zu bilden. Wahrscheinlich spielen hier auch Bodenbakterien eine Rolle.

Wir haben also ein hochkompliziertes ökologisches System vor uns, das bis jetzt noch nicht vollständig ergründet, geschweige denn unter Laborbedingungen simuliert werden konnte. So ist auch der Anbau von Steinpilzen und Pfifferlingen, trotz etlicher Sensationsmeldungen, die immer wieder auftauchen, noch in weiter Ferne.

Halbkultur von Trüffeln

Die Trüffel (*Tuber melanosporum* und verwandte Arten) zählt ebenfalls zu den Mykorrhiza-Pilzen, aber schon im letzten Jahrhundert wurden bei ihr immerhin erste Schritte zur Halbkultur unternommen: Man kann den Pilz zwar nicht allein ziehen, wohl aber zusammen mit seinem Symbiose-Partner. Bei der Trüffel kommen hier zwei in Frage, die Eiche und die Haselnuß.

Zunächst grub man an besonders guten Trüffelplätzen Eichensämlinge aus und verpflanzte sie. Nachdem die Wurzeln der Bäumchen meist schon von Pilzmyzel umsponnen waren, konnten nach einigen Jahren am neuen Standort wieder Trüffeln geerntet werden. Später wurden gut »tragenden« Eichen einfach kleine Wurzelstücke entnommen. Diese steckte man in die Wurzeln von Eichen- oder Haselnußsämlingen, die dann meist eingetopft und vor dem Auspflanzen noch einige Zeit darin weiterkultiviert wurden. In ökologisch optimalen Gegenden beimpfte man auch gleich den Erdboden.

Inzwischen aber werden Eicheln und Haselnüsse in Spezialbetrieben unter sterilen Bedingungen im Gewächshaus ausgesät und mit etwa 3 Monaten beimpft: Man schneidet dabei die Wurzeln an und bestreicht sie mit reifen Trüffelsporen. Nach 1 Jahr Gewächshauskultur kann der Erfolg überprüft werden: Zeigen die Wurzeln der Setzlinge keulenförmige Verdickungen, hat sich die Mykorrhiza gut entwickelt. Wenn man die Bäumchen nun an einem Standort auspflanzt, dessen Boden- und Klimaverhältnisse für das Trüffelwachstum geeignet sind, kann 5 bis 6 Jahre später mit der 1. Ernte gerechnet werden. Trüffeln lieben kalkhaltigen Boden (pH-Wert mindestens 7,5) und ein sehr mildes Klima, das bei uns meist nur in den Weinbaugebieten herrscht.

Mykorrhiza fördert Wachstum

In der Forstwirtschaft ist es schon länger üblich, Jungpflanzen mit Mykorrhi-

Der Anbau von Steinpilzen ist der Wunschtraum vieler Pilzfreunde.

za-Pilzen zu beimpfen. Bei Kiefernsämlingen wird oft der Körnchenröhrling *(Suillus granulatus)* verwendet, der ein besonders kräftiges Myzelwachstum zeigt. Sicherlich zum Erstaunen vieler Pilzliebhaber interessiert die Forstleute hierbei nicht etwa die zu erwartende Röhrlingsernte, sondern vor allem das durch die Mykorrhiza ungemein gesteigerte Wachstum der Setzlinge und der höhere Holzertrag.

Im Prinzip müßte jedoch auch bei Steinpilzen und Pfifferlingen eine Halbkultur möglich sein.

Schutz vor Krankheiten und Schädlingen

In den vorangegangenen Kapiteln wurde jeweils aufgezählt, gegen welche Krankheiten und Schädlinge eine bestimmte Kulturpilzart besonders anfällig ist. Hier noch einmal ganz allgemein die für ein Gelingen der Pilzzucht wichtigsten Maßnahmen.

Brut, Nährgrundlage

Die Brut sollte man erst kurz vor dem Impftermin kaufen bzw. liefern lassen und wie eingangs beschrieben auf ihre Gesundheit und Keimfähigkeit überprüfen. Bis zur Verwendung muß sie gut verschlossen im Kühlschrank gelagert werden. Auch die Nährgrundlage sollte frisch und gesund sein. Gutes Stroh erkennt man an seiner goldgelben Farbe. Holz darf nicht länger als 4 bis 5 Monate gelagert sein. Da Konkurrenzpilze vor allem an Schnittflächen und Wunden eindringen, zerschneidet man die Stämme erst kurz vor dem Impfen in passende Stücke. Es werden möglichst keine Hölzer mit stark beschädigter Rinde verwendet.

Hygiene

Beim Impfen sollte man auf Hygiene achten: Hände und Gerät müssen gereinigt, die Brut aber so wenig wie möglich berührt werden. Brut, die versehentlich auf die Erde fiel, sollte man nicht mehr verwenden. Auch bei der Kompostierung ist es ratsam, so sauber wie möglich zu arbeiten. Die Kulturräume sollten ebenfalls vor der Anlage gereinigt werden. Dies empfiehlt sich besonders beim Anbau von Champignons, Egerlingen sowie Austernpilzen auf Strohsubstrat. Es gibt keine für die Pilzzucht zugelassenen Präparate gegen Krankheiten. Befallene Pilze werden separat gesammelt und vernichtet, die Hände anschließend gründlich gereinigt.

Schnecken, Maden

Zu den gefährlichsten Schädlingen zählen die Schnecken. Man sollte die Pilzkulturen durch einen Schneckenzaun, einen Ring aus Holzasche bzw. Sägemehl oder Bierfallen schützen. Um dem Befall durch Maden vorzubeugen, dürfen die Pilze nie überreif werden und auch keine Pilzteile auf dem Substrat zurückbleiben. Schädlingsbekämpfungsmittel wurden für den Pilzanbau fast keine zugelassen, sie sind für den Hobbykultivateur auch zu teuer. Da Pilzkulturen im Freiland immer Schädlinge anziehen und gelegentlich auch Bodenmüdigkeit beobachtet wurde, sollte man bei den folgenden Neuanlagen stets den Standort wechseln.

Gestaltung eines Pilzgartens

Ein Pilzgarten im Schatten von Bäumen und Sträuchern.

Schatten

Gerade in neu angelegten Gärten fehlt noch der für den Pilzanbau notwendige Schatten durch höhere Bäume und Sträucher. Deswegen müssen Hobbykultivateure aber nicht gleich verzagen: Ein Schutzdach, das etwa 50 cm über Strohballen, Kisten, Pilzbeeten, beimpften Baumstämmen und -stümpfen aus Holz, Schilf oder Stroh errichtet wird, macht sogar unter praller Sonne den Pilzanbau möglich. Auch der Schatten einer Pergola, an der Kletterpflanzen wie die Waldrebe oder selbst Stangenbohnen emporranken, kann für Pilzkulturen ausgenutzt werden.

Bäume, Sträucher

Direkt paradiesische Verhältnisse finden jedoch Pilze in Gärten vor, in denen Laub- und Nadelbäume oder Obstgehölze Schatten spenden. Auch Gruppen von Sträuchern erfüllen diesen Zweck und können dazu ein sehr schönes Bild abgeben. Zu den empfehlenswerten Arten gehören: Hasel *(Corylus avellana)*, Eingriffeliger Weißdorn

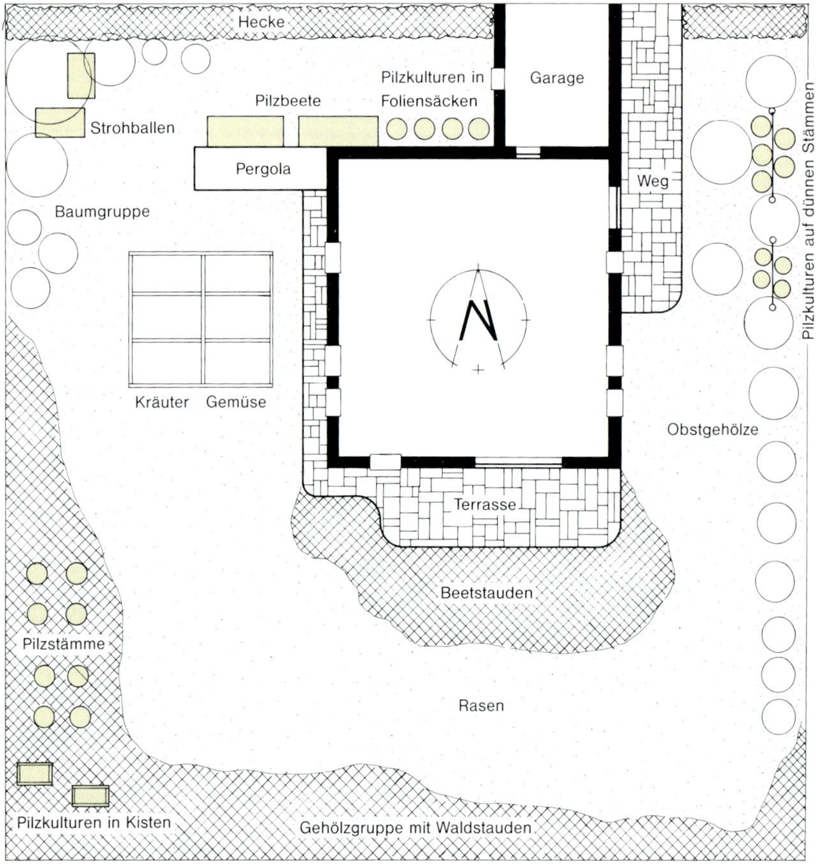

(Crataegus monogyna), Seidelbast *(Daphne mezereum)*, Pfaffenhütchen *(Euonymus europaea)*, Liguster *(Ligustrum vulgare)*, Heckenkirsche *(Lonicera xylosteum)*, Schlehe *(Prunus spinosa)*, Schwarzer Holunder *(Sambucus nigra)*, Gemeiner Flieder *(Syringa vulgaris)*, Wolliger Schneeball *(Viburnum lantana)*, Gemeiner Schneeball *(Viburnum opulus)*. An einzelnen Stämmen kann man auch Efeu *(Hedera helix)* emporranken lassen.

Waldstauden

Zur Abrundung sollten diese Gehölzgruppen mit schattenliebenden oder zumindest gut schattenverträglichen Waldstauden unterpflanzt werden, die auch zwischen den Pilzkulturen gut wirken:

Christophskraut *(Actaea pachypoda)*, Herbstanemonen (*Anemone hupehensis* und *Anemone-Japonica-Hy-*

Plan eines Hausgartens mit Pilzkulturen.

briden), Geißbart *(Aruncus dioicus)*, Haselwurz *(Asarum europaeum)*, Waldmeister *(Galium odoratum)*, Prachtspiere (*Astilbe*-Arendsii-Hybriden, Astilbe japonica und andere Arten), Kaukasusvergißmeinnicht *(Brunnera macrophylla)* Waldglockenblume *(Campanula latifolia)*, Silberkerze *(Cimicifuga racemosa* var. *cordifolia, Cimicifuga racemosa* var. *racemosa* und andere Arten), Maiglöckchen *(Convallaria majalis)*, Tränendes Herz *(Dicentra spectabilis)*, Fingerhut *(Digitalis purpurea)*, Schwalbenschwanzenzian *(Gentiana asclepiadea)*, Leberblümchen *(Hepatica nobilis)*, Herzlilie (*Hosta*-Arten), Beinwell *(Symphytum grandiflorum)*, Falsche Alraunwurzel *(Tellima grandiflora)*, Wiesenraute *(Thalictrum dipterocarpum)*, Krötenlilie *(Tricyrtis hirta)* und Immergrün *(Vinca minor)*.

Farne

Farne sorgen schließlich dafür, daß es im Pilzgarten fast wie im richtigen Wald aussieht: Venushaar *(Adianthum pedatum)*, Frauenfarn *(Athyrium filix-femina)*, Wurmfarn *(Dryopteris filix-mas)* und Becherfarn *(Matteuccia struthiopteris)*. Am Gehölzrand bilden dann Primeln, Zwiebelgewächse und einjährige Sommerblumen einen schönen Abschluß.

Brutherstellung

In der Regel überlassen Hobbykultivateure und sogar Erwerbsanbauer die Pilzbrutherstellung Spezialbetrieben. Dort zieht man in sterilen Laborräumen Myzelien der Kulturpilzarten als Reinkulturen heran und überträgt diese auf Getreidekörner. Die Räume werden mit keimfreier Luft belüftet, die zuerst einige Filter passieren muß. Auch herrscht in den Labors ein leichter Überdruck, damit durch die Türen keine Außenluft eindringen kann, die zahlreiche Keime enthält. Die Betriebe sind dazu mit teuren Geräten und Einrichtungen wie Autoklaven und Impfkabinen ausgerüstet, die dem geschulten Personal steriles Arbeiten ermöglichen.

Für den Hobbypilzanbauer kommt so ein Aufwand natürlich nicht in Frage. Man kann aber auch mit primitiveren Methoden Brut herstellen – früher mußte es ja ebenfalls so funktionieren. Allerdings ist dies nur etwas für Hobbykultivateure, denen der Pilzanbau zur Leidenschaft geworden ist. Durch die eigene Brutherstellung wird man von den Lieferanten unabhängig. Es ist dann auch möglich, Arten zu kultivieren, deren Brut kaum erhältlich ist – oder sogar mit dem Anbau wenig erforschter Wildpilzarten zu experimentieren.

Ob die eigene Brutherstellung aber wirklich billiger ist als der Zukauf, ist

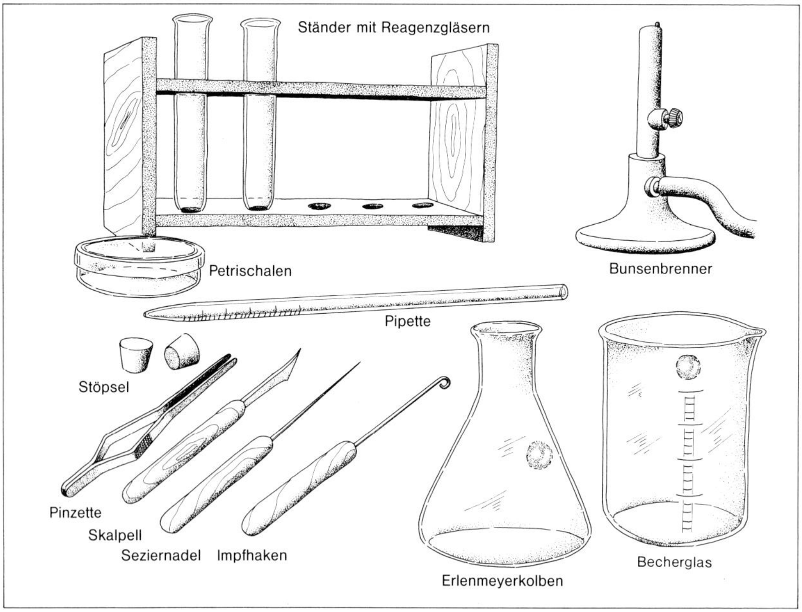

Unten: Geräte für die Brutherstellung.

eine andere Frage. Erstens muß man auch für die primitiveren Methoden der Brutherstellung noch einige Geräte anschaffen. Zweitens wird es bei dieser einfachen Arbeitsweise immer wieder zu ärgerlichen Mißerfolgen kommen.

Ein einfaches Brutlabor

Zunächst sollte man sich überlegen, wo ein passender Arbeitsplatz eingerichtet werden könnte. Der Raum muß sauber und leicht zu reinigen sein. Die Luftfeuchtigkeit sollte nicht zu hoch liegen, weil sich sonst Schadorganismen besonders gut entwickeln. Ideal ist eine relative Luftfeuchtigkeit von 60 bis 70%. Die optimale Temperatur im Brutlabor beträgt 20 bis 24°C. Der Raum kann auch mit einem elektrischen Heizgerät temperiert werden. Wichtig ist eine staubfreie Umgebung, denn der Staub ist die Hauptquelle für Infektionen. Aus diesem Grunde ist Durchzug ebenfalls ungünstig.

Man braucht eine Arbeitsfläche von etwa 1,5 m^2. Am leichtesten ist eine Kunststoffplatte sauberzuhalten. Einige Regale über dem Arbeitstisch wären recht praktisch. Man benötigt am Arbeitsplatz noch Licht, weitere Stromanschlüsse, Wasser in der Nähe wäre dazu günstig.

Zur Brutherstellung werden außerdem gebraucht:

Mindestens 15 Reagenzgläser mit passenden Zellstoff- oder Wattestöpseln und einem Ständer, mindestens 1 Erlenmeyerkolben, der 500 ml faßt mit passenden Stöpseln und ein ebenso großes Becherglas. Ferner Pipetten (10 ml), Pinzette, Skalpell, Seziernadel und einen Impfhaken mit Griff. Dazu noch Plastik-Petrischalen, die sterilisiert und steril verpackt gekauft werden können. Man braucht auch eine elektrische Kochplatte, einen Bunsen- oder Spiritusbrenner und Desinfektionsmittel wie z. B. Sagrotan. Das alles ist in Fachgeschäften für Laborbedarf erhältlich.

Aus der Küche werden noch benötigt: Ein großer Kochtopf, Alufolie, Glasflaschen mit weitem Hals, die etwa 1 l fassen, oder ähnlich große Weckgläser.

Von der Reinkultur zur Brut

Um Brut herzustellen, benötigt man zuerst einmal Myzel der gewünschten Kulturpilzart als Reinkultur. Am einfachsten wird dies durch die Gewebekulturmethode erreicht. Dafür braucht man einen jungen, gesunden und möglichst frischen Fruchtkörper. Wird nämlich ein Stück Pilzgewebe auf einen passenden Nährboden übertragen, wächst aus ihm bald feiner Myzelflaum.

Als Nährboden sind Kartoffel-Glukose-Agar und Malzextrakt-Agar geeignet. Man kann beide fertig kaufen und muß sie dann nach Vorschrift in Wasser auflösen. In einschlägigen Fachbüchern sind auch genaue Anleitungen zur Herstellung dieser Nährböden abgedruckt.

Steriles Arbeiten

Bevor man mit Arbeiten im Brutlabor beginnt, sollte es gründlich gereinigt und vor allem die Arbeitsplatte mit 2%iger Sagrotanlösung desinfiziert werden. Da jeder Luftwirbel Keime mitreißt, müssen dann hastige Bewegungen vermieden werden. Man sollte an den Kulturen jedoch überlegt und zügig arbeiten. Wichtig ist auch, die Geräte wie Pinzette, Skalpell, Seziernadel, Impfhaken, Glasöffnungen und Stöpsel vor jedem Arbeitsgang zur Sterilisierung mehrmals durch die Flamme des Brenners zu ziehen. Von den sterilen Petrischalen werden die Deckel nie ganz entfernt. Zum Einbringen der Nährlösung oder der Gewebestücke hebt man sie nur auf einer Seite kurz an.

Nährböden

Der Fertignährboden wird im Erlenmeyerkolben in kochendem Wasser aufgelöst. Je Petrischale benötigt man 10 ml Nährlösung. Vor dem Eingießen muß sie aber unbedingt sterilisiert werden. Man mißt mit der Pipette jeweils 10 ml davon ab und füllt sie in ein Reagenzglas, möglichst ohne dabei die Innenwand zu berühren. Etwa 10 bis 15 so vorbereitete Reagenzgläser werden mit Stöpseln verschlossen. Über diese kommt zum Schutz vor Feuchtigkeit noch Alufolie. Die Gläser stellt man aufrecht in ein Becherglas und sterilisiert sie (eventuell zusammen mit dem Rest des Nährbodens im Erlenmeyerkolben) im Dampfkochtopf oder im Backofen 20 Minuten lang bei 120 °C. Nicht benötigter Nährboden ist im Kühlschrank gut haltbar.

Je ein Reagenzglas wird dann in eine Petrischale ausgekippt. War der Nährboden bereits erstarrt, muß er vorher im Wasserbad noch einmal verflüssigt werden. Nach dem Eingießen kippt man die Schalen vorsichtig, damit sich der Nährboden gleichmäßig auf dem Boden verteilt.

Gewebestücke auslegen

Sobald der Nährboden erkaltet ist, können die Gewebestücke auf ihm ausgelegt werden. Den Pilz muß man zuerst waschen und dann durch Eintauchen in eine 2%ige Sagrotanlösung desinfizieren. Mit dem Skalpell wird er halbiert, aus seiner Mitte mit der Seziernadel kleine Gewebestücke entnommen und 3 bis 4 davon in die Mitte einer Nährboden-Platte gesetzt. Die Petrischalen stellt man nun bei Zimmertemperatur auf. Wenn steril gearbeitet wurde, zeigt sich nach einigen Tagen weißer Myzelflaum. Oft erscheinen aber auch graue, grüne bzw. rote Schimmelpilze oder schleimige Bakterienkolonien. Stark befallene Schalen müssen weggeworfen werden. Das Myzel des Kulturpilzes sollte zumindest einen Teil des Nährbodens ohne Verunreinigungen besiedelt haben. Hat sich das Myzel nach 2 bis 3 Wochen über die ganze Nährbodenplatte ausgebreitet, so ist der schwierigste Teil der Reinkulturherstellung geschafft.

Reinkulturen

Wegen der besseren Lagerfähigkeit werden die Reinkulturen auf sogenannten Schrägagar übertragen. Dazu nimmt man wieder etwa 5 Reagenzgläser mit sterilisierten Nährböden, die im Wasserbad verflüssigt werden. Man legt sie dann mit dem oberen Ende auf ein liegendes leeres Reagenzglas, damit der Nährboden schräg erstarren kann. Auf

Unten: Schema der Pilzbrut-Herstellung.

diesen Schrägagar überträgt man nun mit dem Impfhaken kleine Stücke des myzeldurchwachsenen Nährbodens. Am besten klebt man auf die Gläser Etiketten mit Datum und Namen des Pilzes. Der Schrägagar wird nach etwa 3 Wochen bei Zimmertemperatur durchwachsen sein – wenn sauber gearbeitet wurde, mit dem Myzel des Kulturpilzes.

Diese Röhrchen bündelt man, wickelt sie in Alufolie und lagert sie im Kühlschrank. Nach 3 bis 4 Monaten muß das Myzel auf frischen Schrägagar übertragen, etwa alle 12 bis 16 Monate sollten überhaupt neue Reinkulturen angelegt werden.

Brutherstellung

Zur Brutherstellung benötigt man einwandfreies Getreide. Ein Teil Körner wird mit 2 Teilen Wasser versetzt, 15 Minuten gekocht und dann zum Abtrocknen auf ein sauberes Tuch gebreitet. Den Körnern mischt man 1,3 Gew.-% Gips und 0,3 Gew.-% kohlensauren Kalk unter. Flaschen oder Weckgläser werden etwa zu 3/4 mit den Körnern gefüllt. Auf die Flaschen kommen Stöpsel und Alufolie darüber, auf die Weckgläser die passenden Deckel. Man sterilisiert sie im Backofen 2 Stunden bei 120 °C.

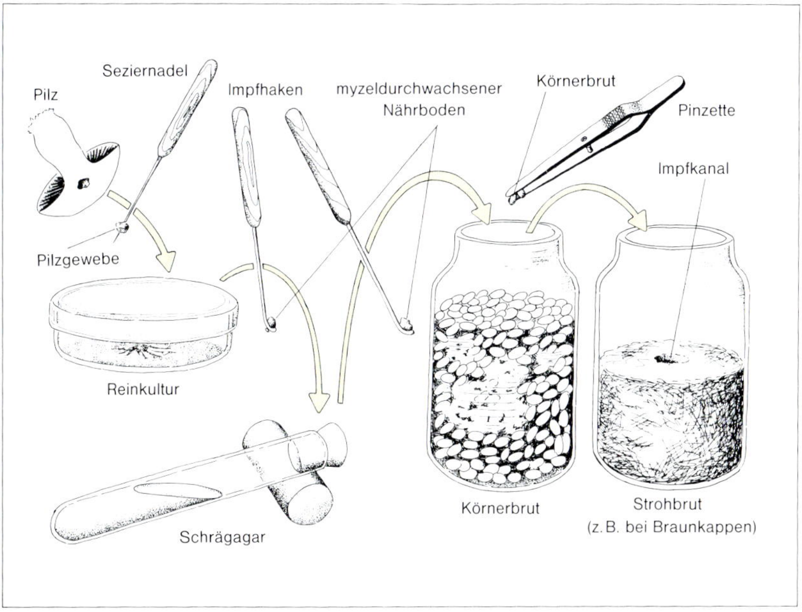

Nach dem Abkühlen werden in jedes Glas 3 bis 4 Stücke des myzeldurchwachsenen Nährbodens übertragen. Bei Zimmertemperatur sind die Körner nach etwa 3 Wochen durchwachsen. Sie können nun zum Impfen verwendet oder im Kühlschrank noch einige Zeit gelagert werden.

Für Braunkappenbrut muß man noch einen Arbeitsgang anhängen: Stroh wird in etwa 3 cm lange Stücke geschnitten und befeuchtet. Da man später einen Impfkanal benötigt, wird in die Weckgläser ein etwa 2 cm dicker Holzstab gestellt. Um ihn herum stopft man das Stroh in das Glas. Die Gläser werden geschlossen und wieder 2 Stunden sterilisiert. Nach dem Abkühlen zieht man den Stab heraus und in den so entstandenen Impfkanal wird Körnerbrut geschüttet oder mit einer abgeflammten Pinzette bzw. einem Löffel übertragen. Es dauert abermals etwa 3 bis 4 Wochen, bis das Stroh durchwachsen ist.

Man kann Körnerbrut wieder zum Beimpfen von Körnern verwenden. Dieser Vorgang sollte aber nicht öfter als viermal wiederholt werden, da das Myzel sonst meist zu degenerieren beginnt.

Ungeübte müssen bei der Bruthérstellung sicher erst einmal ordentlich Lehrgeld bezahlen. Mit einiger Übung stellen sich aber dann auch ansehnliche Erfolge ein.

Essigpilze

1 kg frische Pilze, 1/2 l Weinessig, 1 Tasse Wasser, 3 Lorbeerblätter, 20 Pfefferkörner, 10 Pimentkörner, 2 EL Senfkörner, 2 Peperoni, 1 EL Zucker, 1 TL Salz, 20 Perlzwiebeln.

Die geputzten Pilze 10 Minuten im Wasser kochen, herausnehmen und in saubere Gläser füllen. Restliche Zutaten ins Wasser geben und 30 Minuten lang zu einem kräftigen Sud aufkochen. Den heißen Sud in die Gläser gießen, die Pilze müssen von ihm immer bedeckt sein. Mit Deckeln oder Folie verschließen. Essigpilze halten sich einige Monate.

Ritterlinge in Essig

Das Rezept ist auch für andere Pilzarten geeignet

1500 g Ritterlinge, 1/2 l Weinessig, 3/8 l Wasser, Perlzwiebeln, 1 Möhre, 1 Lorbeerblatt, Estragon, Boretsch, etwas Zitronenschale, 2 TL Salz, 1 TL Zucker.

Die gesäuberten, ganzen Pilze werden 5 Minuten in Salzwasser blanchiert und zum Abtropfen herausgenommen. Die Möhre wird in Scheiben geschnitten. Weinessig und alle anderen Zutaten werden 15 Minuten gekocht. Dann die Pilze in den Sud geben und noch einmal 5 Minuten kochen. Mit dem Schaumlöffel herausnehmen und in Gläser füllen. Essigsud abermals 10 Minuten kochen, dann erkalten lassen. Schließlich in Gläser füllen und diese mit Schraubdeckel verschließen oder zubinden.

Roher Champignon-Salat

250 g Champignons, 1 Kopfsalat, 6 Walnüsse, Saft von 1/2 Zitrone, Öl, Salz, Pfeffer.

Champignons putzen und in Scheiben schneiden, Kopfsalat waschen und zerteilen. Aus Zitronensaft, Öl, Salz und Pfeffer eine Salatsoße bereiten. Alles mischen und zum Schluß mit Walnußstückchen bestreuen.

Ungarisches Champignon-Omelette

5 Eier, Salz, Pfeffer, 1 TL gehackte Petersilie, 150 g Champignons, 1 Tasse Sauerrahm, 50 g Butter.

Die Champignons säubern und feinhacken. Die Eier verquirlen, salzen und pfeffern. Die Petersilie und die Champignons darunterrühren. Die Hälfte der Butter in einer Pfanne zergehen lassen, die Masse hineinschütten und als Omelette backen. Die restliche Butter schmelzen, den Sauerrahm dazugeben und aufkochen. Als Soße über das fertige Omelette gießen.

Schwedische Pilzsoße

250 g Pilze, 2 EL Butter, 2 EL Mehl, 1 Glas Rotwein, 1/4 l Fleischbrühe, 1 Petersiliewurzel, 50 g Sellerieknolle, 2 Karotten, 4 EL Schinkenwürfel, 1 Glas Madeira, Zitronensaft, 1 Prise Zucker, Salz und Pfeffer.

Die Pilze putzen und fein aufschneiden. Mehl in der geschmolzenen Butter anschwitzen, mit dem Rotwein ablö-

schen und glattrühren. Mit der Fleischbrühe aufgießen. Feingewiegte Petersilie, Sellerie und Karotten sowie die Schinkenwürfel untermischen. Die Pilze dazugeben und alles 25 Minuten köcheln lassen. Durch ein Sieb streichen und den Madeira unterrühren. Mit Zitronensaft, Zucker, Salz und Pfeffer abschmecken.

Bayerische Schwammerlsuppe

300 g Austernpilze oder Braunkappen, 1 Zwiebel, 2 Scheiben mildes Schwarzgeräuchertes, 1/8 l Sahne, 1/2 l Fleischbrühe, 1 EL Butter, Salz, Petersilie.

Pilze putzen und in Scheiben schneiden. Zwiebel fein würfeln, Schwarzgeräuchertes in feine Streifen schneiden. Die Zwiebeln und das Schwarzgeräucherte in der zerlassenen Butter andünsten, Pilze zugeben und anrösten. Dann die heiße Fleischbrühe aufgießen. Wenn nötig, noch mit Salz abschmekken. 10 Minuten köcheln lassen. Dann die Sahne unterziehen und gehackte Petersilie darüberstreuen. Dazu Semmelknödel servieren (s. Abb. oben).

Pilzsuppe mit Madeira

300 g Graublättriger Schwefelkopf, Samtfußrüblinge oder Strohpilze, 125 g Räucherspeck, 2 Zwiebeln, 1/2 l Fleischbrühe, 4 cl Madeira, Salz, Pfeffer, Petersilie.

Pilze putzen, nur die Hüte verwenden. Räucherspeck und Zwiebeln fein würfeln. Räucherspeck in einem Topf auslassen, Zwiebeln zugeben und glasig dünsten. Pilze zufügen und kurz andünsten. Die warme Brühe zugießen und alles 10 Minuten köcheln lassen. Mit

Schwammerlsuppe mit Semmelknödeln.

Salz, Pfeffer und Madeira abschmekken. Gehackte Petersilie darüberstreuen.

Brüsseler Champignon-Suppe

250 g Champignons, 1 Zwiebel, 2 EL Butter, Mehl, 3/4 l Fleischbrühe, 1/8 l Sahne, Salz, Pfeffer, Petersilie, 1 hartgekochtes Ei.

Die Champignons putzen und ganz fein hacken, die Zwiebel reiben. Butter zerlassen und beides 5 Minuten andünsten. Mit Mehl bestäuben und die Fleischbrühe unter ständigem Rühren zugeben. Mit Salz und Pfeffer abschmecken. Zum Schluß die Sahne unterziehen. Vor dem Servieren mit gehackter Petersilie und dem ebenfalls kleingehackten Ei bestreuen.

Austernpilz-Gerstensuppe

200 g Austernpilze, 50 g Gerste, 1 Zwiebel, Butter, 1 l Fleischbrühe.

Die Gerste bereits 3 Stunden vor der Zubereitung einweichen. Austernpilze putzen und in Scheiben schneiden, Zwiebel hacken. Alles in Butter dünsten und mit Fleischbrühe aufgießen. Die Gerste zugeben und weichkochen. Mit Salz und Pfeffer abschmecken.

Schüppling-Suppe

250 g Südliche Schüpplinge, 1/2 Tasse Olivenöl, 3/4 l heißes Wasser, 2 Zwiebeln, 2 EL Kartoffelbrei, Salz, weißer Pfeffer, 3 EL feingehackte Petersilie, 1 Glas Rotwein, 1 Tasse Sahne, 2 hartgekochte Eier.

Die geputzten Pilze in Scheiben schneiden, die Zwiebeln fein hacken, und alles in Olivenöl andünsten. Das heiße Wasser langsam zugießen. Den Kartoffelbrei unterrühren und alles aufkochen lassen. Den Rotwein zugeben und mit Salz und Pfeffer abschmecken. Zum Schluß den Topf vom Feuer nehmen und die Sahne unterziehen. Mit gehackten Eiern bestreut servieren.

Stockschwämmchen-Suppe

300 g Stockschwämmchen-Hüte, 1 Zwiebel, 1 l Fleischbrühe, 100 g gekochter Reis, Petersilie.

Die Hüte der Stockschwämmchen putzen, nur die großen halbieren, kleine ganz lassen. Zusammen mit der gehackten Zwiebel in Butter andünsten. Die Fleischbrühe und den Reis zugeben und kurz aufkochen lassen. Mit gehackter Petersilie bestreuen. Dazu schmeckt gebutterter Toast oder Knoblauchbrot.

Chinesische Pilzsuppe

250 g frische oder 25 g getrocknete Judasohren, 60 g Schweinefleisch, 4 Stangen Sellerie, 2 Scheiben Schinken, $\frac{1}{2}$ TL Speisestärke, 1 TL chinesische Sojasoße, 1 Prise Zucker, Pfeffer, Salz, 1 EL Öl, 6 Tassen Fleischbrühe.

Die getrockneten Pilze müssen mindestens 30 Minuten in warmes Wasser eingeweicht werden. Judasohren und Schinken dann in schmale Streifen, das Schweinefleisch und den Sellerie in

Unten: Pilze mit Butter und Knoblauch.

dünne Scheiben schneiden. Das Fleisch mit dem Stärkemehl, der Sojasoße, Zucker, Pfeffer und Öl mischen. Etwas Öl in einer Kasserolle erhitzen, Ingwer und Salz darin kurz anrösten. Die heiße Brühe dazugießen. Dann Pilze (eventuell mitsamt dem Einweichwasser) und restliche Zutaten hinzufügen. 15 Minuten langsam kochen lassen.

Pilze mit Butter und Knoblauch

500 g Austernpilze oder Braunkappen, Butter, 2 Knoblauchzehen, Petersilie, Salz, Pfeffer.

Austernpilze putzen, große Hüte halbieren. Braunkappen in dicke Scheiben schneiden. Butter in einer Pfanne zergehen lassen. Pilze und zerdrückte Knoblauchzehen etwa 10 Minuten braten. Mit Salz und Pfeffer würzen und mit gehackter Petersilie bestreuen (s. Abb. oben).

Braunkappen-Pfanne

250 g Braunkappen, 250 g geschälte Tomaten, 30 g Butter, 1 Knoblauchzehe, 3 Eier, Salz, Pfeffer, 4 Scheiben Käse.

Braunkappen putzen und in Scheiben schneiden. Die Butter in einer Kas-

Unten: Nudeln mit Shii-take-Soße.

serolle zerlassen und die Pilze mit der zerdrückten Knoblauchzehe fünf Minuten braten. Die zerkleinerten Tomaten und verquirlten Eier dazugeben. Mit Salz und Pfeffer würzen. 4 Scheiben Käse gleichmäßig auf der Masse verteilen. Deckel auf die Kasserolle setzen und das Gericht bei schwacher Hitze 5 Minuten stocken lassen.

Geröstete Parasolpilze

500 g Parasolpilz-Hüte, Butter, Salz, Kräuterbutter

Die Parasolpilze werden geputzt, beide Seiten gesalzen und mit Butter bestrichen. In der Pfanne garbraten. Beim Anrichten noch mit Kräuterbutter belegen.

Violette Ritterlinge in Holundersaft

400 g Violette Ritterlinge, 1 säuerlicher Apfel, 1 Zwiebel, 1 TL Zucker, 2 EL Butter, 1 Prise gemahlene Nelken, 1 Glas Holundersaft (ersatzweise Johannisbeersaft), Salz, Pfeffer.

Die Ritterlinge putzen und in feine Scheiben schneiden. Apfel und Zwiebel würfeln. Butter zerlassen und die Zwiebel darin glasig werden lassen. Pilze, Apfel, Zucker, gemahlene Nelken und

Saft hinzugeben. 10 Minuten köcheln lassen. Mit Salz und Pfeffer abschmekken.

Schopftintlinge mit Maltesersoße

500 g Schopftintlinge, Butter, Salz. Maltesersoße: 250 g Butter, 3 Eigelb, 1 EL Zitronensaft, Saft einer Blutorange, Salz, frisch gemahlener Pfeffer.

Schopftintlinge der Länge nach einmal durchschneiden. Butter zerlassen, Pilze zugeben, salzen, etwa 5 Minuten braten und dann warmstellen. Für die Soße Butter schmelzen und wieder abkühlen lassen. In einer Schüssel im Wasserbad Eigelb, Salz, Pfeffer und Zitronensaft schaumig schlagen. Die nur noch handwarme Butter vorsichtig zur Eimasse geben und aufschlagen. Zum Schluß mit dem Schneebesen den Blutorangensaft unterziehen. Sofort zu den Schopftintlingen servieren. Sollte die Soße beim Schlagen gerinnen, schnell ein paar Tropfen Eiswasser zufügen und rasch aufschlagen.

Nudeln mit Shii-take-Soße

250 g frische oder 50 g getrocknete Shii-take, 1 Zwiebel, 2 EL Butter, 1 EL Mehl, Salz, Pfeffer, 1/2 l Brühe oder Einweichwasser, 1/8 l Sahne, Petersilie, Nudeln.

Getrocknete Pilze in lauwarmem Wasser 30 Minuten einweichen. 2 Stunden auf Küchenkrepp abtropfen lassen. Shii-take in Scheiben schneiden. Zwiebeln fein würfeln. Butter zerlassen und Zwiebeln darin glasig werden lassen. Shii-take zugeben und anbraten. Mit Mehl bestäuben und Brühe bzw. Wasser unter ständigem Rühren zugießen. 10 Minuten köcheln lassen und mit Salz und Pfeffer abschmecken. Zum Schluß die Sahne und gehackte Petersilie unterziehen. Auf in Butter geschwenkten und leicht gesalzenen Nudeln servieren (s. Abb. Seite 119).

Braunkappen-Brätlinge

500 g Braunkappen, 1 Zwiebel, 2 EL Butter, 2 Semmeln, 1 Ei, 2 EL Grieß, Pfeffer, Salz, Petersilie (feingewiegt).

Die Braunkappen putzen und ganz fein hacken oder durch den Wolf drehen. Die Zwiebeln reiben oder auch durch den Wolf drehen. Pilze und Zwiebel in der zerlassenen Butter 10 Minuten braten. Die Semmeln einweichen und gut ausdrücken. Mit den restlichen Zutaten gut vermischen. Daraus kleine Kugeln formen und flachdrücken. In Butter hellbraun braten.

Putengeschnetzeltes mit Austernpilzen und Bananen

6 EL Butter, 300 g Austernpilze, 1 Zwiebel, 300 g Putenschnitzel, 2 EL Sojasoße, 2 Bananen, Salz, Pfeffer, Curry, 1/4 l Sahne, 1 Gläschen Sherry.

Die geputzten Austernpilze in größere Stücke schneiden, die Zwiebel fein hacken. 2 EL Butter heiß werden lassen und darin die Zwiebeln dünsten. Die Pilze zugeben, salzen und 5 Minuten braten. Herausnehmen, auf einer Platte anrichten und warmstellen. Nochmals 2 EL Butter heiß werden lassen. Putenschnitzel in feine Streifen schneiden und darin braten. Mit Sojasoße, Salz und Pfeffer würzen und auf den Pilzen anrichten. Die restliche Butter erhitzen. Bananen längs in Scheiben schneiden und darin anbraten. Mit Salz, Pfeffer und Curry würzen. Auf beiden Seiten 2 Minuten braten, dann vorsichtig herausnehmen und auf der Platte anrichten. Den Bratensatz mit der Sahne lösen, etwas einkochen lassen, Sherry zugeben, mit Salz und Pfeffer abschmekken. Die Soße über das Fleisch gießen.

Braunkappenkuchen mit Schinken und Käse

Teig: 250 g Mehl, 100 g Butter, 1 TL Salz. Belag: 1 kg Braunkappen, 3 Zwiebeln, 2 dicke Scheiben Kochschinken, 1/2 Becher Schlagsahne, 1 Bund Petersilie, Salz, Pfeffer, 2 EL ger. Käse.

Aus Mehl, Butter, Salz und 1/10 l kaltem Wasser einen Teig kneten und 1/2 Stunde kalt stellen. Braunkappen putzen und in Scheiben schneiden. Zwiebeln fein hacken und Schinken würfeln. 2 EL Butter heiß werden lassen, Zwiebeln und Braunkappen darin andünsten. Dann Schinken und Sahne zugeben und so lange weiterköcheln lassen, bis die Flüssigkeit verdampft ist. Mit Salz und Pfeffer abschmecken und gehackte Petersilie unterrühren. Eine Springform von 26 cm Durchmesser ausfetten und mit dem Teig auslegen. Teigboden mit einer Gabel einstechen. Bei 225°C 20 Minuten vorbacken. Dann die Pilzmasse darauf verteilen, mit geriebenem Käse bestreuen und abermals 20 Minuten backen.

Bezugsquellen

Zumindest von Braunkappen, Austernpilzen und Shii-take sind mittlerweile Pilzbrut und Pilzkulturen in vielen Fachgeschäften, Gartencentern und über zahlreiche Versandhäuser erhältlich. Folgende Spezialbetriebe bieten dazu ein oft sehr großes Sortiment anderer Kulturpilzarten an:

Mykofarm Gesellschaft für Pilzkultur mbH, Ballindamm 35, 2000 Hamburg 1

Karby'er Pilzfarm, Helga Müller, Eckernf. Str. 54, 2343 Karby

Eberhard Hullen OHG, Postfach 1331, 3360 Osterode-Beierfelde

Edith Mangelsdorf, Postfach 101653, 4350 Recklinghausen

Mykosaat, Dr. J. Stark, Postfach 450803, 5000 Köln 41

Malzfabrik Schneidhausen, Hoesch-Vial, Abt. Pilzzucht, Postfach 582, 5160 Düren

Burbacher Pilzfarm, Schöler KG, Postfach 601, 5909 Burbach-Holzhausen

Hauser Champignonbrut GmbH, Talweg 14, 6477 Limeshain 1

Interpilz Dr. Meixner GmbH, Sonntagweg 6c, 7000 Stuttgart 80

Pilzzuchtbetrieb Dipl.-Ing. W. Karrasch, Obstgartenweg 12, 7000 Stuttgart 1

Schwarzwälder Pilzlabor, Niederwinden, Inselweg 4, 7746 Hornberg

Hawlik Euro-Pilzbrut GmbH, 8021 Großdingharting

Erdinger Pilzsubstrat Ges. b. R., Rotkreuzstr. 3, 8058 Erding

Graf Conrad Ballestrem, Pilzkulturen GmbH & Co. KG, 8477 Trisching Nr. 90, bei Nabburg

Literatur

Bötticher, W.: Pilzverwertung und Pilzkonservierung. München 1950.
Chang, S.T., und Hayes, W.A.: The Biology and Cultivation of Edible Mushrooms. New York-London 1978.
Dickscheidt, R.: Handbuch der mikrobiologischen Laboratoriumstechnik. Bearbeitet von A. Junke. Dresden 1971.
Dittmer, W.: Waldpilze aus Haus und Garten. Ravensburg 1985.
Hawlik, W.J.: Waldpilzzucht für jedermann. München 1985.
Kaiser, P.: Der praktische Champignonzüchter. München 1984.
Lelley, J.: Austernpilze. Bonn 1974.
Lelley, J.: Kulturträuschling. Bonn 1976
Lelley, J.: Domestikationsversuche und biotechnologische Untersuchungen über den Schopftintling (Coprinus comatus). Krefeld 1983.
Lelley, J.: Pilze aus dem eigenen Garten. München 1985.
Lelley, J., und Pütz, J.: Pilze für Schlemmer – selbstgezüchtet. WDR-Hobby-Tip Nr. 120, 1985.
Lelley, J. und Schmaus, F.: Pilzanbau. Stuttgart 1976.
Luthart, W.: Holzbewohnende Pilze. Wittenberg 1969.
Steineck, H.: Champignon-Kultur. Stuttgart 1982.
Steineck, H.: Pilze im Garten. Stuttgart 1981.

Der Champignon
Zeitschrift für Pilzanbau
Kurfürstendamm 91
1000 Berlin 31

Zeitschrift für Pilzfreunde
Verlag Dr. Richter GmbH
Gerstäckerstr. 4
8000 München 82

Bildquellen

Die Zeichnungen fertigte Helmuth Flubacher, Fellbach, nach Vorlagen der Verfasserin.

Arnold, E . und J., Kandel: Umschlagfoto; Abb. Seite 15, 19, 20, 23 (mitte unten), 26, 30, 32, 33 (alle), 52, 57, 59, 75, 77, 78, 79, 85, 87, 90, 92, 101, 102.

Compo GmbH, Münster: Abb. Seite 8.

Englbrecht, J., Westerham: Abb. Seite 2, 13, 23 (oben) 34, 38 (alle), 45, 47, 69 (alle), 71, 72 (alle), 73, 82, 83, 89, 94 (alle), 105, 107, 116, 118, 119.

Laux, H.E., Biberach: Abb. Seite 6 (rechts), 7 (alle), 37, 98.

Schrempp, H., Breisach-Oberrimsingen: Abb. Seite 6 (links).

Sachregister

Seitenzahlen mit Sternchen * verweisen auf Abbildungen